GIGAスクール

時代の学びを拓く！

PC1人1台授業

スタートブック

編著　中川一史（放送大学教授）

　　　赤堀侃司（一般社団法人 ICT CONNECT 21 会長）

ぎょうせい

はじめに

　GIGA スクール構想の実施により，1人1台端末環境と学校における高速通信ネットワーク環境の整備が一気に加速化された。文部科学省が2019年に公開した「教育の情報化に関する手引」によると，「社会における情報化の急速な進展と教育の情報化」について，「(略) これからの学びにとっては，ICT はマストアイテムであり，ICT 環境は鉛筆やノート等の文房具と同様に教育現場において不可欠なもの」と示されている。これまで学校内で「共有」して活用していた端末が，ようやく1人1台「占有」のツールとなったのである。物理的には文房具のように占有になるが，占有ツールとしての意識に転換していくのは簡単なことではない。

　とは言うものの，各学校では，はじめから効果があるかないかを目くじら立てて担当者が言い過ぎると，もともと ICT の活用に腰の引けている教師は，「じゃあもういいわ」ということになってしまう。まずは日常的に使ってみるという気持ちで取り組み，次の段階として，より「効果的な活用」を徐々に追究する方がスムーズにいくだろう。このようなステップアップの実際についても，本書に紹介されている様々な自治体，学校，教師のやり方や工夫，授業設計は，示唆に富むものが多い。

　このような時代であるからこそ，新たな学びの姿の在り方について，GIGA スクールを一つのきっかけにして追究していきたい。

　本書では，GIGA スクールの背景にある考え方や状況の整理（理論編），GIGA スクールで実現される授業の実際（事例編1：授業づくりと GIGA スクール），GIGA スクールを視野にどのように学校づくりをしていくか（事例編2：学校づくりと GIGA スクール），GIGA スクールを自治体ではどのように進めているのか（事例編3：自治体の取組と GIGA スクール），1人1台環境における教師の授業力向上をどのように進めていくのか（研修編）という三部構成になっている。また，本書に関連するコラムも必見である。

　GIGA スクールをはじめとする ICT 活用に関して長年様々な立場で第一線を走り続けている著者が，本書において総出演している。執筆をお引き受けくださったことにお礼を申し上げたい。また，共編著者である赤堀侃司先生は，私が尊敬してやまない押しも押されぬこの道の第一人者である。その氏と名前を連ねられることを大変光栄に思う。

　本書の作成にあたっては，企画・構成から編集に至るまで，きめ細かな対応をしてくださった株式会社ぎょうせいの皆様に心から感謝したい。

中川　一史

目　次

研 修 編　GIGA スクールを生かす教師の実践力向上プログラム

●導入研修

理論編

速解・GIGA スクール構想

GIGA スクール構想がめざす
これからの学校の姿

一般社団法人 ICT CONNECT 21 会長
東京工業大学名誉教授　**赤堀侃司**

1　個を生かす学校

(1)　個を生かしているだろうか

　はじめに GIGA スクール構想がめざす学校の姿として，個を生かす学校を挙げたい。読者の中には，学校へ行けば必ず一人ひとりを大切にという標語が見られるので，日本の学校は十分個を大切にしているのではないかという反論が聞こえるかもしれない。

　個を生かすという言葉に対して，私はフィンランドの学校を訪問したことを思い出す。子どもたちは，例えば小学校 5 年生で，算数の授業になると特別支援教室に行ったり，社会科の授業では 6 年生の教室に行ったり，理科の授業では 4 年生の教室に行ったりする光景を見て，驚いた。「学年という概念はないのですか」と先生に質問したら，「概念はあるけれども一人ひとりの能力に応じて教室を変えたほうが合理的ではないか」という答えが返ってきた。「それで保護者は納得しているのですか」と続けて質問したら，「当然納得している。子どもが，分からない授業で苦しんでいるより，自分が分かる授業を受けたほうがよほど幸せだから」と答えたのである。初めて個を生かすという考え方をそのとき知った。つまり一人ひとりの能力や特性に応じて，授業のスタイルや指導の仕方や学校の在り方を変えるという考え方なのである。

　実はアメリカのデンバーの小学校でも，同じような光景を見た。子どもたちが首から時間割を入れたホルダーをぶら下げていたので，先生に，「一人ひとりの時間割が違うのですか」と質問したら，「そのとおりです。子どもによって学年も違ったり，教科や科目も違ったりします」という答えが返ってきた。フィンランドと同じである。日本の感覚では，現実には難しいと思うが，国によって個に対する考え方は，大きく異なる。

(2)　個を生かすことは，なぜ重要なのだろうか

　では，なぜ個を生かすということが重要なのであろうか。教師は当然ながら保護者も市民も誰でも反対はしないだろう。しかしその理由はあまり明確ではない。コンドンの書い

た異文化間コミュニケーションの本に紹介された写真を思い出す[1]。満開の桜の木の下で，マットを敷いて多くの人たちが楽しんで，話をしたり食事をしたりする写真である。典型的な花見の写真であることは誰でも異論はないだろう。この写真を40年以上前のアメリカ人に見せると，「靴だ」という答えが返ってきた。この写真をよく見ると，マットの横に人々が全員脱いだ靴が揃って置いてあるのだ。靴を脱いで部屋に入るという習慣がないアメリカ人にとって，これは驚くような光景なので，靴が目の中に飛び込んできたのである。つまりコンドンが言いたかったことは，同じ情報を見ていないということである。見る人の文化背景によって，見え方は全て異なっているという事実である。

　これを教室の授業風景に置き換えてみよう。教員が，たぶんこう思うだろうと考えて資料を提示するが，受け取る子どもたちは，それぞれ違った見え方をしているはずである。なぜならば，子どもたちそれぞれの生育歴・家庭環境・親の職業・地域の特性などによって，見方・考え方が異なるからである。脳に埋め込まれた解釈コードが，異なるからである。このように考えると，個に応じるという考えは重要であると同時に，現実にはなかなか難しいのではないかと思われる。日本ではそのとおりである。我が国では学習指導要領によって，どの子どもにも教科や科目に応じて履修する時間が法的に定められているからである。しかし小学校や中学校のどの先生方も，子どもの特性を授業中の態度やテスト結果などから把握しており，子どもに応じた指導の在り方を模索している。

　一方，学校教育の最大の課題として，いじめ・不登校の問題が挙げられる。**図1**に示すように，2019年度の文部科学省の調査によれば，小中高等学校のいじめの件数が61万件を超えたという[2]。子どもたちは，「あの子はコロナ」と言って，いじめの対象にするという。それは，自分たちと同じではない，感染するから自分たち以外である，といって，同じものとそれ以外のものを区別して，いじめの対象にしていることを考えれば，それはそれぞれの個の違いを認識していないことになる。つまり日本はまだまだ集団としての意識が強く，自分たちと同じであるかそれ以外であるかによって，区別しているようだ。当然ながらいじめ・不登校の問題は，この要因だけではないが，基本的に違いを認めない文化風土があることは認めざるを得ない。

１人１台の端末整備は，個の存在を認める学校の姿に近付く第一歩であると考えている。

(3)　どう指導すればよいのだろうか

　具体的にどう指導すればよいのだろうか。先に述べたように，教員は日常の授業中での発言やテストや学級会活動など

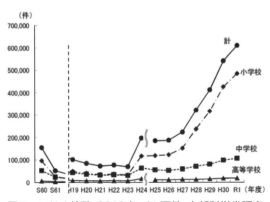

図1　いじめ件数 2019年 61万件 文部科学省調査

を通して，子どもたちの特性をある程度理解している。したがって一般的には個に応じた指導を実施しているであろう。ただし，それが明確に意識化されていないかもしれない。

筑波大学の相川充らの研究は面白い[3]。制御焦点理論といわれているが，子どもたちを2つのタイプに分けて，1つは促進型と呼び他方は防止型と呼ぶ。促進型とは，例えば，他人を見てあの人みたいになりたいと思う理想像を描くようなタイプであり，防止型とは，あの人みたいにはなりたくないと思うようなタイプである。この2つのタイプによって，教師の言葉がけの効果が異なることを見いだした。結論的に言えば，促進型つまり理想像を追い求めるタイプの子どもには，例えば，ちょっとしたミスは気にしなくていいからどんどん前に進めよう，という前向きの言葉がけが効果的である。しかし一方防止型の子どもには，前に進もうという言葉がけは逆効果をもたらし，逆に，少しずつでいいからミスのないように慎重に進めよう，という言葉がけが効果的であり，逆に促進型には逆効果になるという結果である。つまり，子どもの特性によって言葉がけを変えるということである。なんとなく，元気で前向きな言葉がけがいいと信じている教師は多いと思われるが，それは子どもたちの特性によって異なるという研究結果なのである。

もう1つ例を挙げてみよう。私の経験であるが，金利二割五分の場合の計算をしなさいという事例と，打率が二割五分の場合の計算をしなさいという事例では，学生たちの理解度が相当に異なるのである。例えば野球部に所属している学生たちには，打率二割五分は極めて分かりやすい事例であり，この計算は素早くできる。しかし金利二割五分の事例の場合には，理解度は極めて低くなるのである。これは何を物語っているのであろうか。0.25という数字は，抽象化された数字ではなく，受け取る側の特性に応じて異なるということである。つまり，現実の世界から離れて，抽象的な0.25の数字を理解するわけではなく，学生たちは，それを受け取るときに，何らかの文脈や状況に結び付けて理解している。これから示唆されることは，子どもたちに教材などを作成させる課題では，君の得意な分野でやってみよう，という指示が効果的だということである。

以上をまとめると，日本の教育は，集団としての規律を守るなどは，極めて優れているが，個を伸ばす学校文化には到達していない。いじめ・不登校なども，多様な原因が考えられるが，個の違いを認めないという文化風土も，要因の一つとして考えられるのではないか。この意味で1人1台の端末整備は，個の創造性や表現能力などを高める道具として活用させたい。このことについて，次に述べる。

2　個の道具としてのPC

(1)　なぜ，1人1台端末なのだろうか

私には楽しい思い出がある。それは，1993年に在外研究のため，アメリカのカリフォ

ルニア大学アーバイン校で生活したときの思い出である。カリフォルニアの空はいつも青く，広大なキャンパスには緑の芝生が一面に敷き詰められ，学生たちはリュックサックを背負ってキャンパスの中を歩いていて，全てが開放的で，一言で言えば，自由という言葉がぴったりの大学であった。今から30年くらい前のことであるが，学生たちはいつもパソコンを脇に抱えるかリュックサックの中に入れて，講義を受けるときは当然ながら，カフェテラスで食事をするときも，図書館に行くときも，常に手元にラップトップコンピュータといわれる，膝の上に乗るような小さなパソコンを持っていて，それがアメリカの大学のキャンパスによく似合った。それで私は自分だけで，キャンパスモデルと名付けていた。つまりアメリカの大学という自由さとパソコンは，私にとって強く結び付いていた。だから今でも，私は，パソコンは基本的に自由でなくてはならないと思っている。

　そこでコンピュータの歴史を振り返ってみよう。**図2**に示すように，かつてコンピュータは文字どおり電子計算機であり，電子計算機室という部屋の中に置かれていて，それを利用する人は専門家もしくは研究者であって，科学計算などをする一部の人たちのための道具であった。しかしそれが広く職場の中に持ち込まれるようになり，机の上に置けるようになってデスクトップと呼ばれ，そのアプリは例えばオフィスと呼ばれ，事務処理の道具として使われるようになった。職場では，1人1台のパソコンとして機能するようになった。やがて小型化されて膝の上に乗るようなラップトップコンピュータとなったり，個人の道具としてパソコンと呼ばれるようになったり，さらに小型化してモバイルコンピュータと呼ばれるようになり，持ち歩きができるようになった。さらにそれはスマートフォンと呼ばれる携帯するコンピュータへと進化していった。ここで注意しなければならないことは，例えば電話は声を遠くまで運ぶ道具であり，車は自分の体を遠くまで運んでくれる道具であり，補聴器は耳を支えてくれる道具であり，メガネは……，というように，人間の機能を拡張する道具として，世の中に受け入れられたことだ。コンピュータは，この意味では脳の延長である。文章を書いたり，計算をしたり，人の前で発表したり，調べ物をしたり，意見を交換したりなどは，全て脳で行われる。その知的活動を支え，その延長としてコンピュー

図2　コンピュータの進化の模式図

PC-H98model100

タを捉えることができる。人類が発達したのは，他の動物と違い脳が高度に発達したからで，その脳で世界を変えていった。そのことを考えると，コンピュータは脳の延長として，いわば人間の分身として機能することになった。つまり1人1台端末の意味は，自分の分身であり，自分と共に知的活動を行うためのよき相棒であると，考えられる。

(2)　1人1台端末は，個を生かすことにつながるのだろうか

　愛知県知立市立知立南小学校のプログラミング教育の実践を，読んだことがある（細井信克）。この実践は素晴らしく，画面の背景に校舎と校庭と青空があって，その空間を，魚，猫，鳥，トンボなどが，自由に動き回るという作品であった。私は実際にその作品を見たことはないが，イメージするとその情景が頭に浮かんでくるようで，全く新しい発想であり，空中を動物たちが自由自在に動き回っている姿は，素晴らしい創造性にあふれた作品だと思った。先生の指導もあったと思うけれども，子どもたちは潜在的に我々の予想を超えた高い創造性を持っているのではないか。それをプログラミングの規則を教えるなどで，まるで上から蓋をして制限しているようだ。もっと自由に表現させれば，子どもの潜在能力を引き出すことができるのではないか。Scratch を開発したマサチューセッツ工科大学のレズニック（Resnick）も，自分は子どもたちの持っている創造性をさらに高めるために，Scratch という言語を開発したと述べている。

　Viscuit（ビスケット）は，原田康徳によって開発されたビジュアルプログラミング言語であるが，このViscuitを活用した優れた実践がある（兵庫県丹波市氷上情報教育研究会，池田悟）。池田は，国語に出てくる詩について，Viscuit を用いて子どもたちにアニメーションを作成させたが，このアニメーションを見た子どもたちが次のような感想を述べている。
・「詩を味わう」という意味が分かったような気がする。
・詩の学習で，アニメーションを作って，読み方の工夫のヒントが思い浮かんだ。
・友達のアニメーションを見て，「この詩を読んで，こういうことが分かったのだ」と感じることができた。
・一つの言葉から色んなことを連想していくことができるようになった。
・いつもは本の挿絵しかヒントがないけど，タブレットを使うことによって，色んな想像をすることができ，イメージの幅が広がった。
・ただ読むだけではなく，言葉の意味や作者の思いを考えることが増えた。
　子どもたちの驚きを素直に表現した感想に，心を奪われた。それは子どもたちが，詩という文字による表現をアニメーションという別の表現にしたことと，より深くより広く詩を味わうことができた，という子どもの感性に感銘を受けたのである。詩は文字で書くもの，という制約を超えたことに面白さを感じたが，考えてみれば，詩を身体表現で表すこともできれば，音楽でも表せるだろうと思えば，制約という上から被せていた蓋を取り外すことで別の世界が広がり，それを子どもたちの感性によってより豊かにした，という実

践であった。

マズローの５段階欲求説はよく知られているが，ボトムから社会的欲求までは低位の欲求で，トップは自己実現欲求であり高次の欲求と呼ばれる。社会的欲求とは，例えば大人であれば，給与をアップしてもらいたい，役職につきたい，マイホームを持ちたい，などの社会的な欲求であるが，一言で言えば，外から与えられて満足する欲求である。それに対して，自己実現は，先の校舎を背景にして生き物を動かしてみたら，どんなに面白いだろうとか，この詩をプログラムでアニメーションにしたら，どうなるだろうか，というような内から湧き出すような欲求で，自分の考えやアイデアを実現したい欲求である。このように考えると，パソコンは自己実現に強く関連する道具であることに，気付くだろう。それは，子どもたちそれぞれが持っている個性を生かす道具と言い換えても同じである。その意味で，パソコンは個を生かす道具として機能する。

3　ICT の見方・考え方

(1)　PISA2018 の読解力は，なぜ低下したのか

OCED の国際学力調査である PISA2018 の読解力の問題について，考えてみよう。これは，日本の成績が15位と大きく下降したことで，ニュースに取り上げられた問題である。その原因についていくつか議論があるが，具体的に考えてみよう。公開されている問題例は，ある大学教授がラパヌイ島という島に調査に行って，その記録をブログに記載したことについて，その文章を読んで問いに答える内容で，例えばその一例として，次の文章が事実なのか意見なのかを判別する問題がある。「中でも最も気がかりな例が，ラパヌイ族である」という文章は，当然ながら意見である。それに対して，「1722 年にヨーロッパ人が初めてラパヌイ島に上陸した時，モアイ像は残っていたが，森は消滅していた」という文章は，当然ながら事実である。読解力の問題は，このような例である。15 歳の高校生が正解できない問題とは信じられないであろう。それでは，その原因はどこにあるのだろうか。文章の前後関係を読んで，ある文章が事実なのか意見なのかを区別することが，そんなに難しいのだろうか。

東京都江戸川区立東小松川小学校の小津梨沙による，１年生の国語の実践は興味深い。この授業では文章のつながり方について学習していた。「Aとても楽しかったです」「Bたくさん泳ぎました」「C私は家族と海に行きました」という３つの文章をどのように並べたらよいだろうかという授業だった。そのときに子どもたちに，それぞれの文章にラベルを付けさせたのである。例えばAは「思ったこと」で，Bは「ようす」で，Cは「したこと」というように，子どもに分かりやすい言葉でラベルを考えさせた。これは先のPISA2018 の読解力問題の事実なのか意見なのかの判断と，ほとんど同じである。この教

論は，文章のラベルを付けた後で，はじめに「したこと」，次に「ようす」，最後に「思ったこと」の順番で並べれば，文章が論理的なので分かりやすいことを導いた。したがって，「私は家族と海に行きました。たくさん泳ぎました。とても楽しかったです。」という論理的なつながりで文章を理解させた実践であった。小学校1年生ができる問題が高校生にできないはずはない。何が原因なのだろうか。

　もちろん，文章を論理的に読み取る読解力が低いという要因もあるだろう。しかし他方は，コンピュータの操作の不慣れ，つまり情報活用能力が低いことが，原因の一つと考えられる。なぜならば，PISA2018の問題は，CBTによって回答するようになっているからである。CBT（Computer Based Testing）とはコンピュータ上で操作して回答する方式であり，生徒たちはマウスを使ったり，キーボードから文字入力をしたりなど，コンピュータ上の操作をしなければならないので，この操作方法に戸惑いがあり慣れていなかったのではないか，とも考えられるのである。証拠がある。

　PISA2018において，同時にICT活用調査が実施された[4]。そのデータを**図3**に示す。**図3**において，左側にある「コンピュータを使って宿題をする」「学校の勉強のために，インターネット上のサイトを見る」などの学習のための道具の使い方は3％程度であり，OECDの20％程度の平均と比較すれば，一桁も低い数値になっている。これに対して右側の「ネット上でチャットをする」「1人用ゲームで遊ぶ」などの遊びの道具としての活用はOECDの平均値より高いので，つまり遊びの道具としてパソコンやスマホを活用しているのである。この結果は，日本の高校生はパソコンを学習の道具として活用していないという実態を，OECDが突きつけたと考えてもよい。いわば日本のICT教育の弱点とも言えるわけで，読解力の低下は，むしろ情報活用能力の欠如と考えたほうが自然なのではないだろうか。今，問われているのは，パソコン端末を遊びから学びの道具に転換することである。

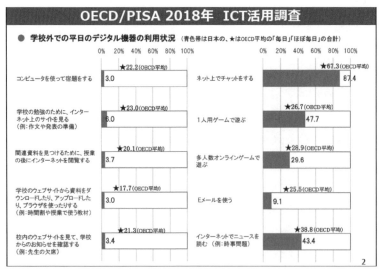

図3　OECD/PISA2018によるICT活用調査

⑵　なぜ，インターネットやクラウドにつなげるのか

　岐阜県本巣市立糸貫中学校の家庭科の授業を紹介しよう。2003年なのでかなり昔の授業であるが，今でもその新鮮さを失っていない。家庭科の，乳幼児の心身の発達と生活習慣という単元で，生徒たちは0歳から4歳までの乳幼児の身体の発達，情緒の発達，言葉の発達，社会性の発達などについて，教科書を中心に学習していた。この授業では，当時テレビ会議システムがあって，学校の近くの保育園と学校のパソコン端末をつないで，実際の乳幼児の様子を，保育士と話し合いながら，授業をした。

　例えば「1，2歳児では走ることができるのですか」「どの程度話すことができるのですか」「友達と一緒に遊ぶことはできるのですか」などの質問に対して，保育士が，「それでは実際にやってみましょう」と言ってそこにいた何人かの乳幼児を歩かせたりして，テレビ会議を使って中学生に見せたのである。それを見ると，乳幼児によってバリエーションがあるということに気付いた。教科書では平均的な記述があるが，現実世界では乳幼児の育った環境や親の育児の仕方などによって，かなり個人差があり様々な発達の仕方があることを学んだ。つまりインターネットは，学校と社会を結ぶ線であり窓であることが分かる。学校で基礎基本を学ぶと同時に，現実世界の実態についても学ぶことで，より深い学習ができると言える。

　埼玉県立鴻巣女子高等学校の保育の授業でも，赤ちゃんの育て方について，その高校の卒業生の母親に取材したビデオ映像を見ながら話し合う授業があった。そのビデオの中で，母親は，夜中，赤ちゃんが泣いても，お腹がすいているのか，どこか痛いところがあるのか，何か訴えたいことがあるのか，など分からなくて途方に暮れることも多く，隣でパパが寝ているとだんだん腹が立ってしまうとか，育児でクタクタになって食事の支度も，また洗濯も山のようにあって心身ともに疲れてしまうとか，自分の母親がそばにいれば助かるとか，多くの現実の問題を話した。

　それを高校生が視聴して，どのようにこれらの問題を解決したらいいかの提案をした。日頃はほとんど質問など発言の少ない生徒たちが，現実世界の映像を見て，彼らの意見を述べた。SNSを利用するとか，ママとパパが交代で育児をする，など多くの提案が出されたのである。つまり教科書という基礎基本と現実社会を結び付けることによって，新しいアイデアや多くの質問や提案が出るのである。

　かつてコリンズ（Collins）らが提案した，学校と社会の違いについての研究がある。私はそれをベースにして，以下のように述べている[5]。

　学校の問題には正解がある。一方社会の問題には正解がない。もし社会の問題に正解があるなら，その正解を知っている人や正解が書いてある文献などにアクセスすれば，直ちに問題が解決するはずである。しかし現実には，そのような正解はない。

　学校ではある法則を見つけることが目的になっているが，社会では法則ではなく因果関

係だけを拠り所にする。あのときこんな方法でやってみたらうまくいった，このようなやり方だと失敗した，というような事例に基づく因果関係を手掛かりにして，問題を解決している。また学校では問題を単純化していて，算数の問題だけでなく，全ての教科で解ける問題だけを対象にしている。しかし社会の問題は，複雑であり様々な要因が絡み合っており，個々のケースによって全て違うのである。

さらに学校では個人を対象にして評価することに対して，社会では組織を中心にして仕事をして，組織で評価される。学校では一人ひとりに成績がつけられ，指導要録に記載され通知表に記録されるが，それは個人が評価されるからである。しかし社会では個人が評価されるというよりも，チームであったりその部署であったりという組織として評価される。したがって協同学習という方法は社会の中で生まれた。

また学校には教科書があるが，社会には教科書はなく，不確かな情報だけである。教科書には決して誤ったことを記載してはならず，もし教科書に誤りがあれば，社会ニュースとなるほどの大問題である。しかし社会では，インターネットを見れば分かるように，不確かな情報，場合によって人を陥れるデマ情報というように，自分たちで判断するしかない情報を扱っている。

このように考えると，学校の中に社会の情報を取り入れることは，全く異質な情報を取り込むことになる。しかしなぜ学校は，社会の情報を取り入れるのであろうか。それは先の事例で分かるように，社会では，問題解決が中心のテーマになっているからである。今の教育課程の中に，なぜ課題解決というキーワードが入ってきたのであろうか。学校はいわば学芸会のようなものであり，学校で基本的な演技の練習をして，本番は世の中という大きな舞台で演ずることである。練習ではうまい演技をするけれども，本物の舞台に立ったときは，まったく下手であったとすれば，この練習には意味がなかったことになる。世の中での問題解決ができる人材とは，本番の大舞台で，練習の効果を発揮できる人である。つまり，学校は社会と結び付いて，学校で得た知識が必ず社会でも役立っていく，つまり生きて働く知識にしなければならない，ということになる。その意味で学校だけの世界だけでなく，社会へつなぐ教育課程，社会に開かれた教育課程になったのである。

その場合，3つのポイントがある。1つは社会の情報を活用するためには，どうしても情報活用能力が必須になることである。正しく情報を扱う能力といってもよく，正しい情報と誤りのある情報をきちんと判断できる能力でもある。情報そのものには価値はなく，これをどう判断しどう活用するかで，光にもなれば影にもなる。SNSの情報を悪用すればネットいじめにつながり，現実の情報をうまく活用すれば，先の事例で述べたように本物の学習をすることができる。つまり両面を持っているので，この正しく活用する能力が情報活用能力と呼ばれ，今日では必須の能力になる。

もう1つは，道具を使うということで，例えば平均値の求め方，これは基礎基本であるから学校教育の中で学ぶことはできるが，現実問題として200人の生徒の10教科の平均

値を求めよ，という問題に対して，紙と鉛筆で求めよと言われても，無理なことは誰でも分かるであろう。人はミスをする動物なので必ずミスが生じる，とすれば，どうしてもそこにコンピュータなどの道具が必要になってくる。

　最後は，協同学習という仕組みが必須になる。先に述べたように，社会は問題だらけで，問題を解決することが社会で生きること，そのものといってもよい。そのためにはどうしても，他人と相談し知恵を出し合い，という協同学習という形式が必須になる。したがって，今日の学校教育に，このような社会のモデル，つまり情報活用能力，ICT などの道具，そして協同学習を取り入れるということが必然となってくる。

4　自律すること

⑴　1人1台端末は，子どもたちの自律につながるか

　新型コロナウイルス感染者数の上昇によって，我が国は 2020 年 3 月から 5 月末までの 3 か月間，国は自治体と学校に休校措置を要請した。この間，子どもの学びを止めないというキャッチフレーズの下で，各自治体や学校等に教材が配布され，オンラインでの授業が始まった。オンラインでの授業では，家庭にいる子どもたちは，教材の保管してあるサーバーや画像を送信するサイトにアクセスする必要があり，そのためにはアカウントを持たなければならなくなった。アカウントは銀行口座のようなものであり，そのサービスを受けるための身分証明書であり，当然ながら他人に使われないようにパスワードを設定しなければならない。

　このことは子ども自身が，パスワードによってアカウントを管理することを余儀なくされる。もしパスワードが他人に盗まれれば，甚大な被害を受けることになる。大人であっても，銀行などの預金が他人によって盗まれるという事件が発生している。このようなことを考えると，アカウントの管理は，子どもたち自身による自律を促すこと，そのものである。私は，ネット社会における子どもの元服式だと思っている。子どもから大人への成長の証として，誇りと責任感を持つために元服式が行われたとすれば，アカウントの管理は，ネット社会における元服式と言ってよい。すなわちアカウントの管理は，子どもたちの自律と自主性の育成にとって欠かせないものである[6]。

⑵　どのように授業をデザインするのか

　私は，2017 年に埼玉県立総合教育センターが主催する反転学習入門研修会に参加した。この研修会は，反転学習を取り入れることでどのように授業が変わるか，その学習効果は何かについて，実践的・実証的に研究し研修するプロジェクトであった。

　はじめに，反転学習について説明しなければならない。反転学習は，事前に先生方が約

5分間程度の動画を作成し，それをYouTubeなどにアップロードする。その方法は，難しいものではなく，1回の研修で参加した先生方は直ちに習得した。生徒たちは家庭にいて，YouTubeにアップしてある5分間程度の教材を視聴して授業に参加するので，いわば動画による予習と考えてもよい。

　その授業では，生徒たちが中心でグループで話し合うことになり，紙教材で課題を解いたり，端末を用いて動画を再チェックしたり，生徒たちが情報交換をしたり，という場面であるが，その話し合いは極めて活発である。それは事前に動画を視聴しているからでもある。自分で理解している内容と，他の生徒たちが理解している内容を，ぶつけ，交換し，そして生み出していく過程である。最後は，それぞれの課題について発表し，教員が内容についてまとめるという形である。

　この授業デザインでは，家庭におけるYouTubeの視聴，つまりクラウドを用いた学習と，授業における端末を用いた，個別学習や協同学習が行われ，最後に教員が内容を構造化してまとめるという形になっている。

　さらに諸外国では，このような形で課題が次々に出され，生徒の課題探究の過程で生じた疑問や知見などについても，クラウド上の電子黒板のような共有できるアプリに，生徒たちが書き込んだり意見を出し合ったりして，学校外でも議論がされるというスタイルになっている。つまりクラウドという情報環境と，学校における対面授業が，相互に関連付けられて授業デザインされている。そこでの教員の役割は，教えるというより，アドバイザーでありファシリテーターでありコーチと呼んだほうが，適切である。その概念図を，図4に示す。

　これまでの授業形態は，教材と生徒と教員の3要素で成り立っており，特に教員の優れた指導技術が重要であり，その比重の大きさを円の面積で表している。つまり，いかに内容を分かりやすく説明し解説し伝えていくか，そのスキルを高めるために様々な研修会等も実施されてきた。一方これからの授業形態では，その役割が異なってきて，比重は，むしろインターネットやウェブサイトやビデオなどのデジタル化された教材である。ビデオの例については既に述べたが，そこから子どもたちは情報にアクセスし，この図4のように，複数の生徒たちの間で情報を交換する，つまり自分の考えと他人の考えを，ぶつけ，

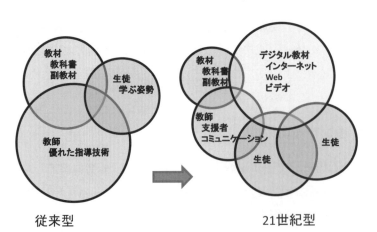

図4　これからの児童生徒主体の学習形態

12

交流し，そして新しい考えを生み出していく，というプロセスが生じる。

　したがって生徒たち自身による学習が主体になり，学習のプロセスに重点が置かれる。そのときの教員の役割は，知識を教えるより，どういう方向で考えたらいいのか，どのように次に進めばいいのか，というアドバイザーであり，オーガナイザーであり，コーチでもある。このようなスキームがこれから生じるだろう。

　このように考えると，子どもたち自身が主体的であり，自律し，探究していく授業に変わり，それを支援し，方向付け，知識を最後に構造化する役割が教師である，という形に変化するであろう。しかしながら，いくつかの課題も予想されよう。動画をアップするスキル，子どもたちがクラウドにアクセスできる環境，そして何よりも学習効果はあるのかという課題である。埼玉県立総合教育センターの実証研究では，このプロジェクトに参加した6校全ての学校において，ドリルや定期試験などで学力の向上が見られ，授業でも理解が深くなった。例えば，数学の文章題の回答では，その記述の仕方に深みが見られ，理科実験では，これまでの失敗がほとんどなくなり，実験時間が短縮され，英語では，論理的で筋道のある英語ディベートができたなどの報告がなされている。

[参考文献]

1　ジョン・コンドン著, 近藤千恵翻訳『異文化間コミュニケーション』サイマル出版会, 1980年

2　文部科学省初等中等教育局児童生徒課「令和元年度児童生徒の問題行動・不登校等生徒指導上の諸課題に関する調査結果について」2020年10月, https://www.mext.go.jp/content/20201015-mext_jidou02-100002753_01.pdf (2020年11月1日)

3　三和秀平・外山美樹・長峯聖人・湯立・黒住嶺・相川充「制御適合はパフォーマンスを高めるのか」『CRET年報』第2号, 2017年, pp.41-43

4　国立教育政策研究所「OECD生徒の学習到達度調査 (PISA) 2018年調査補足資料」2019年12月, https://www.nier.go.jp/kokusai/pisa/pdf/2018/06_supple.pdf（2020年11月1日）

5　赤堀侃司著『AI時代を生きる子どもたちの資質・能力』ジャムハウス, 2019年, p.207

6　赤堀侃司著『オンライン学習・授業のデザインと実践』ジャムハウス, 2020年, p.18

GIGA スクールで子どもの学びや
取り巻く環境はどう変わるか

放送大学教授　中川一史

1　常時1人1台環境の整備

　GIGA スクール構想の実施により，1人1台環境と学校における高速通信ネットワーク環境の整備が一気に加速化された。これまで学習者用コンピュータ（以下，端末）は3クラスに1クラス分程度の整備などが少しずつ進められてきた（**図1**）。しかし，地方財政措置で進められるため，なかなか実現しない自治体も多かった。

学校におけるＩＣＴ環境整備について

教育のＩＣＴ化に向けた環境整備5か年計画（2018～2022年度）

　新学習指導要領においては、情報活用能力が、言語能力、問題発見・解決能力等と同様に「学習の基盤となる資質・能力」と位置付けられ、「各学校において、コンピュータや情報通信ネットワークなどの情報手段を活用するために必要な環境を整え、これらを適切に活用した学習活動の充実を図る」ことが明記されるとともに、小学校においては、プログラミング教育が必修化されるなど、今後の学習活動において、積極的にＩＣＴを活用することが想定されています。

　このため、文部科学省では、新学習指導要領の実施を見据え「2018年度以降の学校におけるＩＣＴ環境の整備方針」を取りまとめるとともに、当該整備方針を踏まえ「教育のＩＣＴ化に向けた環境整備5か年計画（2018～2022年度）」を策定しました。また、このために必要な経費については、<u>2018～2022年度まで単年度1,805億円の地方財政措置</u>を講じることとされています。

2018年度以降の学校におけるＩＣＴ環境の整備方針で目標とされている水準

- 学習者用コンピュータ　3クラスに1クラス分程度整備
- 指導者用コンピュータ　授業を担任する教師1人1台
- 大型提示装置・実物投影機　100%整備
  各普通教室1台、特別教室用として6台
  （実物投影機は、整備実態を踏まえ、小学校及び特別支援学校に整備）
- 超高速インターネット及び無線LAN　100%整備
- 統合型校務支援システム　100%整備
- ＩＣＴ支援員　4校に1人配置

- 上記のほか、学習用ツール（※）、予備用学習者用コンピュータ、充電保管庫、学習用サーバ、校務用サーバー、校務用コンピュータやセキュリティに関するソフトウェアについても整備
（※）ワープロソフトや表計算ソフト、プレゼンテーションソフトなどをはじめとする各教科等の学習活動に共通で必要なソフトウェア

> 1日1コマ程度、児童生徒が1人1台環境で学習できる環境の実現

図1　教育のICT化に向けた環境整備5か年計画（2018（平成30）～2022年度）

　しかし，令和元年度の補正予算から，GIGA スクール構想がスタートし，一気に児童生徒常時1人1台＋高速通信ネットワークの整備が進むことになった（**図2**）。ここでは，「誰

一人取り残すことのない公正に個別最適化され，創造性を育む学びを実現する」ことが掲げられ，目標とすべき次世代の学校・教育現場として，「学びにおける時間・距離などの制約を取り払う」「個別に最適で効果的な学びや支援」「プロジェクト型学習を通じて創造性を育む」「校務の効率化」「学びの知見の共有や生成」が示されている。また，緊急時における家庭でのオンライン学習環境整備についてもここに盛り込まれた。この環境整備は，ポストコロナにおいても，新たな学習環境の在り方として，各自治体や学校で検討が行われるところである。

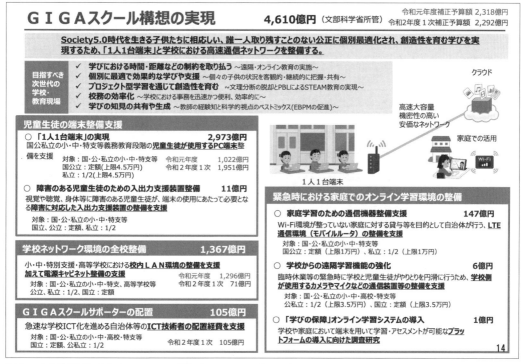

図2　文部科学省「GIGA スクール構想」について（2020）

　これまで多くの学校で1人1台というと，学校内で40台とか80台の端末をたまに1人1台活用する「共有状態」だったが，これが常時1人1台活用する「占有状態」になった。この「共有」と「占有」の違いは，とても大きい。

　「共有」だと，次の時間に使うクラスのために充電などにも気を使わなくてはならないし，特にデータをクラウド環境やサーバに置かずに使っていた状態だと，その授業時間内に完結させないといけなかった。また，たまに使う中では慣れる状態になかなかならない。いつも目新しさが目立ってしまい，使うことに踊らされてしまう。一方，「占有」だと，自分なりに端末をカスタマイズできるし，何よりも自分の手に馴染んでくる。愛着も湧いてくる。大人が自分の使っているPCやスマホを使い込む際に他の人と「共有」はしないだろう。

文部科学省が2020年に公開した「教育の情報化の手引（追補版）」によると，「（略）社会生活の中でICTを日常的に活用することが当たり前の世の中となる中で，社会で生きていくために必要な資質・能力を育むためには，学校の生活や学習においても日常的にICTを活用できる環境を整備し，活用していくことが不可欠である。さらにICTは，教師の働き方改革や特別な配慮が必要な児童生徒の状況に応じた支援の充実などの側面においても，欠かせないものとなっている。<u>これからの学びにとっては，ICTはマストアイテムであり，ICT環境は鉛筆やノート等の文房具と同様に教育現場において不可欠なものとなっていることを強く認識し，その整備を推進していくとともに，学校における教育の情報化を推進していくことは極めて重要である</u>」（下線：筆者）と，示している。それを認識する環境に，ようやく大きく近付いたわけだ。

　そもそも，どうしたら1人1台の端末が文房具と同様になるであろうか。筆者は，2点が重要と考える。

　1つ目は，「あまり制限をしすぎないこと」である。例えば，自治体レベルで言うと，ネットワーク制限が挙げられるし，各学校レベルでは，使い方のルールが挙げられる。どちらも，子どもが安全に使えるようにすることや学習規律としては必要不可欠なことではあるし，導入時に問題が起こらないようにどこでも検討することではある。しかし，過剰にしすぎると，結局，これまでの共有での活用と変わらなくなり，いつまで経っても文房具と同様にはならないだろう。となると，段階をどう見通すかがポイントになる。だんだん制限をゆるくするような見通しを持っていきたい。制限をしすぎないと，必ず問題は起こる。しかし，その問題を協働的に解決していくことで，単なる問題ではなく学びの種になっていくと考える。

　そして2つ目が，「日常的な活用を推進すること」である。これまで，ICT機器は共有であることもあいまって，ほぼ授業内での効果的な活用のみを検討してきた（図3の①）。しかし，今後，占有になることで，授業以外の活用がどれだけできるのか，さらに授業においても，効果的な活用だけでなく，日常的にどれだけ活用できるかが重要になる（図3の②③④）。これまでの限られた台数での端末の共有の際には，あまり着目されなかった箇所である。授業外の活用で言うと，例えば，持ち帰りはするのか，しないのか。破損や紛失などに留意したり，そもそも家庭に持ち帰り，何に使うのかを検討したりといったことが考えられる。また，学校内でも，朝の会，休み時間，クラブ活動など，授業以外のどこでどう継続的・日常的に活用していくのか。さらに常時活用していくに

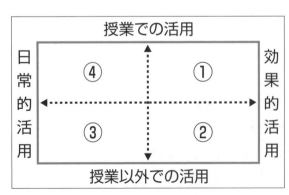

図3　二軸での活用

は，端末の置き場所がどこになるかについても無視できないことだ。保管庫などは充電をしたり，一括で保管したりするには向いているが，いつも保管庫に端末がしまってあっては，使いたいときにさっと使えない。ある自治体では，普段は個々の机の上に置いておくように，ということを奨励している。文房具と同様のツールとなるには，越えていくハードルがたくさんある。

　文部科学省が2020年に公開した「GIGAスクール構想の実現へ」によると，「学びへの活用」で，「"1人1台"を活用して，教科の学びを深める。教科の学びの本質に迫る」「"1人1台"を活用して，教科の学びをつなぐ。社会課題の解決に生かす」とともに，「"すぐにでも""どの教科でも""誰でも"使えるICT」を示している。ここでは，「検索サイトを活用した調べ学習」「文章作成ソフト，プレゼンソフトの利用」などが例として紹介されている（**図4**）。しかし，これら両方とも，これまでの学校に40台くらいの共有での端末活用でも行われてきたことである。それをわざわざ取り上げなくても，と思われる方もいらっしゃるかもしれない。しかし，占有の端末で継続的に取り組んでいくことは，例えばプレゼンソフトでの作り込みが上手になり，プレゼンテーションそのものの質が上がる，ということである。この質の向上こそが，「"すぐにでも""どの教科でも""誰でも"使えるICT」の重要なポイントであると考える。

学びへの活用　ICTの「学び」への活用

"すぐにでも""どの教科でも""誰でも"使えるICT

検索サイトを活用した調べ学習
・一人一人が情報を検索し、収集・整理
・子供たち自身が様々な情報にアクセスし、主体的に情報を選択する

文章作成ソフト、プレゼンソフトの利用
・子供たち一人一人が考えをまとめて発表
・共同編集で、リアルタイムで考えを共有しながら学び合い

一斉学習の場面での活用
・誰もがイメージしやすい教材提示
・一人一人の反応や考えを即時に把握しながら双方向的に授業を進める

一人一人の学習状況に応じた個別学習
・デジタル教材を活用し、一人一人の学習進捗状況を可視化
・様々な特徴を持った生徒によりきめ細やかな対応を行う

図4　すぐにでも・どの教科でも・誰でも使えるICT

　1人1台端末環境の活用の検討は，今始まったわけではない。

　文部科学省は，2014年度段階で，「学びのイノベーション事業」実践研究報告書において，学校におけるICTを活用した10の学習場面を示している（**図5**）（その後，若干の加筆修正をされて，2020年6月に公開された「教育の情報化に関する手引（追補版）」に掲載されている）。

　ここでは，教師が教材等を提示するような一斉学習の活用場面が1つあるものの，個別学習5つ，協働学習4つの場面は，教師が提示用のみで使うよりも，1人1台の端末の活

図5　学校における ICT を活用した 10 の学習場面

用が占めているのである。しかも，これを見ると，GIGA スクール構想後に多くの自治体
で対応を検討することになった「B1：個に応じる学習（一人一人の習熟の程度等に応じ
た学習）」「B5：家庭学習（情報端末の持ち帰りによる家庭学習）」「C4：学校の壁を越え
た学習（遠隔地や海外の学校等との交流授業）」なども含まれている。

　もちろん，10 の学習場面は 1 コマの授業で単独で見られるだけでなく，これらの学習
場面を組み合わせて行われる場合も少なくない。また，45 分，50 分の授業時間中ずっと
端末だけを使っているわけではない。紙のワークシートや図書資料，実験や実技，対面の
話し合いなど，従来の教材・教具，やり方と組み合わせながら，授業は行われていく。

2　個別に最適で効果的な学びや支援

　個別に最適で効果的な学びについては，教育データの活用が考えられる。これは，学習
履歴を児童生徒自らが学びを振り返り次の学習に活かすこと，一方で，教師がそれらを活
用して指導や評価に活かすことが考えられる。筆者が全国の学校や自治体のどこに出向い
ても，若手の教員が増えてきたように感じる。これまで学校は教員の経験則により児童生
徒の学習状況を把握し，それを指導に活かしてきた。たくさんの先輩が若手教員の授業に
ついて，様々なアドバイスをしてきたわけだ。もちろんそうやっている例もたくさんある

だろうが，そもそも教員の年齢構成自体が変わってきたことも事実である。教員の経験則の重要性は変わらないが，そこに科学的な視点をプラスして1＋1が3や4になるように先端科学技術を活用していくことが望まれる。**図2**の「GIGAスクール構想の実現」に示されているように，個々の児童生徒の状況を客観的・継続的に把握・共有するような，個別に最適で効果的な学びや支援を，この整備は期待されている。

　しかし，1人1台端末を整備さえすれば，個別に最適で効果的な学びになるわけではない。何を学ぶか（内容）についても，どんな学び方をするか（方法）についても，まず，「この子にはこれが適している」と，教師が判断する段階があるだろう。そのうち，子どもの思いや考えを汲み取りながらその子と一緒に何が適切か判断するようになる。さらに進むと，子ども自身が，適切だと思われる内容や方法を選択・判断するようになる。一見，ここまでくるとゴールのようなのだが，実は適切かどうかはあやしい場合が少なくない。そこで再度，現在の状況を確認しながら，教師と意見をぶつけ，判断するようになる。それを経て，いよいよ子ども自身が適切な選択・判断ができるようになる（**図6**）。その際，例えば方法の一つであるツールの選択についても，一つ一つのツールを使い倒していることが前提条件となる。そうでなければ，一見自分で選択しているように見えて，目新しさが先にたち，使ってみたいからそのツールを選択した，ということになりかねない（これが③の段階に見られることがある）。子ども自身が個別に最適で効果的な学びを選択・判断できることが理想のゴールだと思われるが，そのためには，教師が寄り添うことが肝要である。一人ひとりが勝手に判断し，個人で学習を進めていけばいいというわけではない。**図5**で示したような協働的な学びとうまく関連させることで，個別で最適な学びは相乗効果を生む。

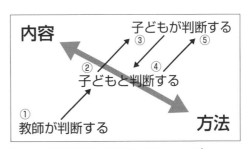

図6　個別で最適な学び実現のステップ

3　学習者用デジタル教科書の活用

　学校教育法の一部を改正する法律（平成30年法律第39号）が2019年4月1日から施行され，教科書の内容を記録した電磁的記録である教材（デジタル教科書）が教科書として認められるようになった。学習者用デジタル教科書は，付随する学習者用デジタル教材や授業支援ソフトなどのICT周辺機器と一体化して活用していく（**図7**）。

　学習者用デジタル教科書（＋デジタル教材）の活用においては，文字色・背景色の変更，ふりがな表示，リフロー機能，音声読み上げなど，児童生徒の実態や状況に応じたカスタマイズが可能となる（**図8**）。

　カスタマイズに加え，これまでなかなか紙の教科書ではやりきれなかった，「書きやすさ・

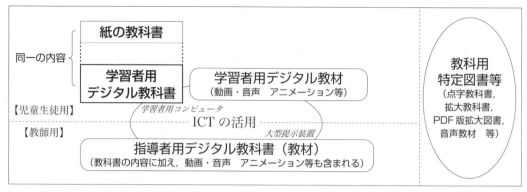

図7　紙の教科書や学習者用デジタル教科書等の概念図（文部科学省「教育の情報化に関する手引（追補版）」より）

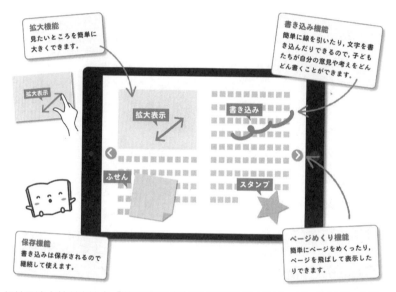

図8−1　一般社団法人教科書協会「学習者用デジタル教科書ガイドブック」（2019）より

消しやすさ」（紙の教科書にも物理的には書き込めるが，例えば，国語で教科書に書き込んだものをなかなか消さない。しかし，学習者用デジタル教科書の本文であれば，書いたり消したりを簡単に繰り返す様子が見られることが多い），「動かしやすさ・試しやすさ」（本文の文章がどういうことなのか，実際にカードや本文に出てくるアイコンを動かしながらペアで確認したり，カードや短冊の配置を変えることでその関係性を視覚的に確認するなど，思考を深めたり，発想を広げたりすることができる），「共有しやすさ・連動しやすさ」（授業支援ソフトのような転送できる仕組みを活用すれば，教室前の大型提示装置にある児童の端末画面を映し出し全体で共有したり，児童間でデータを共有してデジタルパンフレットを共同制作したりするなどができる），「拡大しやすさ・縮小しやすさ」（挿絵や写真を大きくすることで細部を確認しやすくなるだけでなく，特別な配慮を必要とする児童生徒にとっては文字を大きくすることで学習に参加しやすくなる），「繰り返しやすさ」（覚

文字色・背景色の変更

教科書紙面を見やすい色に変更できます。

ふりがな表示

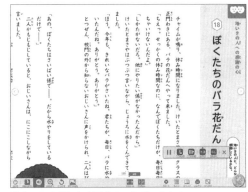

漢字のふりがなを表示することができます。

リフロー表示

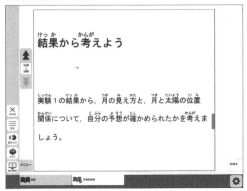

文字を折り返しながら拡大表示できます。

音声読み上げ（機械音声）

文字を機械音声で読み上げます。読み上げ速度の変更ができます。

図8-2　一般社団法人教科書協会「学習者用デジタル教科書ガイドブック」（2019）より

えている漢字と覚えていない漢字を何度も選別したり，繰り返し漢字をなぞったりすることで筆順の確認ができる），「保存しやすさ」（途中までまとめた文章や図などをそのまま保存することができる。自分のアカウントからクラウドに保存をすれば，特定の端末でなくても，継続して学習を続けられる）など，「しやすさ」が効いていると考える。

　例えば，国語学習者用デジタル教科書で「本文切り抜き機能」（教科書紙面から，直接本文や挿絵・写真を簡単に抜き出して，自分の考えをまとめることができる機能：光村図書 2019）を活用した授業を例に挙げる。

　筆者らは，小学校6年生国語科説明文教材の授業において，児童の学習者用デジタル教科書の画面上の書き込み操作に関して，どのように自分の考えを整理したり説明したりするために活用しているか，発話や操作の様子を書き起こし，操作とその活用意図を抽出した（中川ら 2016, 中川ら 2018）。その際，ある児童は，本文の該当箇所を「抜き出す」「消去する」「配置する」「配置の移動をする」「画面に線を引く」「文字を書く」などのアクショ

ンを多数繰り返しながら，思考の可視化を試み，本時のめあてである説明文の読みの深まりに迫るように活用していた。さらに授業者は，授業後のインタビューで「抵抗感なく，文の抜き出し・カードの色かえ・並び替えができることが，短時間での自分の考えの整理につながっている」と，判断している。

　これらを教科書的に使うとなると，端末を1人1台で占有している意味は大きい。

4　段階2.5の壁

　では，「共有」と「占有」で，何がどう変わるのか。

　ICT活用段階の説明では，Ruben R. Puentedura の SAMR モデルが明快だ（**図9**）。

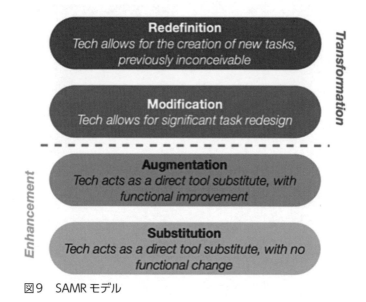

図9　SAMR モデル

　4つの段階で示されているが，各段階を国語学習者用デジタル教科書の活用にあてはめながら述べていこう。段階1は，「代替（Substitution）」である。これは，紙の教科書の本文箇所をデジタル教科書の画面で読む段階で，機能的な変更はない。紙でもできることをデジタルでも行っている状態である。

　段階2は，「拡張（Augmentation）」である。本文に書き込んだり消したり，挿絵を拡大したり，保存したり，拡大表示したり，ランダムな問題を解いたりする。いわゆるICT活用効果について学校で検討・研究するのは，この段階2である。これまで，「共有」のICT機器でも，「拡張」の効果的な活用は実現できてきた。

　段階3は，「変容（Modification）」である。本文の一部を切り抜き，自分なりに編集して考えをまとめる（**写真1，2**）。大事なのは，隣の子とはまとめ方が違う様子が見られることだ。つまり，紙のワークシートでよく見られるような枠組みは教師から与えられてい

写真1，2　本文切り抜き機能で自分なりの考えをまとめる

ない。

　そして段階4は「再定義（Redefinition）」である。紙の教科書，デジタル教科書の選択さえも子どもが決める。段階4になると，教科書の在り方そのものを再考することになる。

　今後，常時1人1台環境が当たり前になったときに，この段階2から段階3に移行できるのか，ここが勝負になろう。そのためには，児童生徒に主体的に情報を収集・整理・表現できるような力を付けていくことが重要である。もし段階2で留まると，必ずしも常時1人1台環境の占有ツールは必要ないのではないかということにもなりかねない。

　このように，常時1人1台環境を考えていくことは，授業そのものの在り方を再考することにほかならない。

5　GIGA スクール後の自治体の選択肢

　GIGA スクールで整備された端末は，更新時期にどうなるのだろうか。自治体の選択肢として考えられるケースは主に3つだ。

　まず，「1人1台端末とそれに付随する環境を自治体が更新する」という選択肢だ。これができるに越したことはないが，端末数千台，自治体によっては数万台の更新費用がかかる。これをタイミングよく準備できるか。

　次に考えられるのが，「（すぐに）更新はできないので，GIGA スクールで整備された端末を使い続ける」という選択肢だ。当面予算措置の回避はできるが，どんどん使えなくなる端末も増えて，そのうち使われなくなってしまう。

　そして，3つ目の選択肢が，BYOD（自己所有，保護者負担：Bring Your Own Device）だ。BYOD には，主に国内の先行事例で多く見られる学校指定の端末を購入してもらう方法と，児童生徒が家で所有している端末をそのまま利用する方法がある。また，公費・私費については，総務省が2017年に公開した「教育ICT ガイドブック」Ver.1 に

	整備形態	主なメリット	主なデメリット
公費	1人1台整備	・情報端末に個人に応じた設定を行うことができる ・必要な時に必要なだけ利用できる	・整備費用が高額となる
公費	複数人に1台整備	・整備費用が抑えられる	・設定やデータの保存について配慮が必要となる ・必要な場合でも利用できないことがある
私費	BYOD（学校指定端末）	・整備費用がかからない ・全端末を自治体や学校が一括で管理することができる	・家庭の負担が増える ・家庭の負担で購入した端末ながら自由に利用することができない
私費	BYOD（個人所有端末）	・自治体・学校、家庭ともに端末の整備費用がかからない ・児童生徒が使い慣れた端末を利用することができる	・端末の機種等に応じた管理が必要となる ・端末によっては利用できないサービスがある可能性がある

図10　端末の整備形態の例

よると、同じ1人1台端末環境でも、公費・私費それぞれのメリット、デメリットがあることが示されている（**図10**）。

　1人1台端末占有の次のステージは、BYODにあると筆者は考える。学校や教師のさらなる意識転換やそれに対応したICT環境（特にクラウド環境）の整備、**図10**の私費のデメリットをどのように解決していくかといった課題はある。が、この次のステージに向けて、すぐにでも検討を始めるべきである。そうすると、GIGAスクールの1人1台端末環境のあるべき姿もまた違った見方ができるはずだ。

[参考文献]

・文部科学省「教育のICT化に向けた環境整備5か年計画（2018（平成30）〜2022年度）」, https://www.mext.go.jp/component/a_menu/education/micro_detail/__icsFiles/afieldfile/2018/04/12/1402839_1_1.pdf（2020年8月28日取得）

・文部科学省「GIGAスクール構想の実現へ」2020年, https://www.mext.go.jp/a_menu/other/index_0001.htm（2021年1月31日取得）

・文部科学省「学習者用デジタル教科書の効果的な活用の在り方等に関するガイドライン」2018年, https://www.mext.go.jp/b_menu/shingi/chousa/shotou/139/houkoku/__icsFiles/afieldfile/2018/12/27/1412207_001.pdf（2020年8月28日取得）

・一般社団法人教科書協会「学習者用デジタル教科書ガイドブック」2019年, http://www.textbook.or.jp/publications/data/191030dtbguide.pdf（2020年8月28日取得）

・光村図書出版「デジタル教科書＆デジタル教材総合カタログ」2019年, p.8

・中川一史・佐藤幸江・中橋雄・青山由紀「小学校国語科説明文教材と物語文教材の学習者用デジタル教科書における活用の比較」日本教育メディア学会第25回年次大会発表収録, 2018年, pp.56-59

・中川一史・佐藤幸江・中橋雄・青山由紀「小学校国語科説明文教材の学習者用デジタル教科書におけ

る操作とその意図の分析」日本教育メディア学会第 23 回年次大会発表集録，2016 年，pp.84-87

・Ruben R. Puentedura（2010）*SAMR and TPCK:Intro to Advanced Practice*，http://hippasus. com/resources/sweden2010/SAMR_TPCK_IntroToAdvancedPractice.pdf（2020 年 8 月 28 日取得）

・総務省「教育 ICT ガイドブック」Ver.1，2017 年，https://www.soumu.go.jp/main_content/ 000492552.pdf（2020 年 8 月 28 日取得）

・文部科学省「教育の情報化に関する手引（追補版）」2020 年，https://www.mext.go.jp/content/ 20200608-mxt_jogai01-000003284_008.pdf（2020 年 2 月 28 日取得）

GIGA スクールでカリキュラムはどう変わるか

熊本大学教職大学院准教授　**前田康裕**

1　現在のカリキュラムの何が問題か

　それぞれの学校には，情報教育全体計画や年間指導計画といった教育計画があるはずだが，それらは十分に活かされていると言えるだろうか。現在のカリキュラムの何が問題であり，それをどう捉えるべきなのだろうか。まずは，その点について明らかにしたい。

(1)　計画だけで実行が伴っていない

　ある保護者から「4年生のときの担任の先生は，コンピュータを使った授業をよくやってくれていたのに，5年生の先生になってからは，ほとんどやらなくなってしまいました」といった不満の声を聞いたことがある。もし，学校の教育計画が見直しをされることもなく，毎年同じ内容になっているのであれば，教師の意識は高まらず教育計画は無視されがちになる。そうなると，子どもたちの学習活動はそれぞれの教師の興味・関心に委ねられることになり，授業実践に大きな差が生じることになる。

　「カリキュラム＝教育計画」と捉えてしまうと，教育計画はあるものの，子どもたちの実際の学習活動に反映されないことは十分にあり得るのである。

　では，カリキュラムをどう捉えればよいのだろうか。

　もちろん，教育計画の意味を含むが，広い意味で「学習者の経験の総体」として捉える考え方がある。教師側の視点ではなく，子どもの視点に立ってカリキュラムを捉えるわけである。例えば，上級生がボランティア活動や挨拶運動などを積極的に行っている学校とそうでない学校とでは，そこで過ごす子どもたちの学習経験は当然異なるものになる。同様に，端末を積極的に活用する学校とそうではない学校とでは，大きな差が生じてしまうはずだ。大切なことは，学習経験が異なると，子どもに身に付く資質・能力も異なったものになるということである。

　そう考えると，「カリキュラム＝年間指導計画」と限定的に捉えるのではなく，子どもたちに必要な資質・能力を育てるために，どのような学習経験を組み込むか，という子どもの視点に立ったカリキュラムにアップデートしていく必要があるはずだ。

⑵　自律的な学習者が育っていない

　新型コロナウイルス感染拡大防止のための全国的な臨時休校によって，急速にオンライン授業の必要感が高まった。しかし，そのことによって日本の学校教育が抱えてきた次のような課題が顕在化したと言えるのではないだろうか。

　まず1つ目は，教師がいなかったりワークシート等の課題がなかったりすると，子どもたちは学習ができないということである。長い休校期間中,何をすればよいのか分からず，途方に暮れた子どもも保護者も少なくない。日本の子どもにとっては，教科書とノートを使って教師が「教えてくれる」ものが「学習」という意識が強いために，自分で学習課題を設定して，自分で解決するといった学習スキルが身に付いていないのである。

　2つ目は，子どもたちの学び方は一人ひとり違うということである。オンライン授業が実現した地域において明らかになったことは，教室でリアルタイムに授業を受けることを好む子どももいれば，オンライン授業で自分のペースで学ぶことを好む子どももいるということだ。実際，不登校の子どもたちがオンライン授業には参加できたという事例が数多く報告されている。一人ひとりの学び方は多種多様であることが明らかになったと言えるだろう。

　こうした問題は，これまでの「教科書とノートを使って，みんな一緒に，同じ内容を同じ方法で同じ時間帯に学校の先生に教えてもらう」という日本の学校教育のカリキュラムがアップデートされずにきたことに原因があるのではないだろうか。

⑶　端末が学習の道具となっていない

　OECD は，2018 年に生徒の学習到達度調査（PISA）を実施し，「生徒の学校・学校外における ICT 利用」の実態を明らかにしている。それによると，生徒が1週間のうちに，教室の授業で情報機器を利用する割合は，OECD 加盟国中最下位なのである。また，学校以外の場所で学校の勉強のためにインターネット上のサイトを利用する割合も，加盟国中最下位である。情報機器を使って宿題をする割合も同様に最下位となっている。

　一方，1人用ゲームで遊ぶ割合は，加盟国中でトップとなっている。また，ネット上でチャットをする割合も加盟国中でトップである。つまり，日本の子どもたちは学校でも家庭でも端末を使った学習経験が圧倒的に少なく，それらはゲームマシンやメッセージ交換マシンとなっているのである。

　これは，学校の貧弱な ICT 環境も要因の一つだが，教師の側に ICT を使った教育に対する一定の抵抗があったのも要因ではないだろうか。例えば，「ICT は学習の道具に過ぎないので，道具に振り回されてはならない」「スマホや携帯電話は学習の邪魔になるので，持ち込ませないようにしよう」といった意見も数多く聞いてきた。

　GIGA スクールでは，1人1台の端末を持つことになる。このような学習環境において

は，教師側の意識もアップデートしなければならないのである。

2　カリキュラムをアップデートするための前提条件

　今まで述べてきた問題点を解決するために，カリキュラムをどのようにアップデートすることが望ましいのだろうか。

　ここでは，その前提条件となる以下の3点について述べたい。

(1)　端末の特性を活かす
(2)　日常の授業を改善する
(3)　学習評価を充実させる

(1)　端末を子どもの学習の道具にする

　子どもを自律的な学習者に育てるためには，端末を学習の道具として使えるようにする必要がある。では，端末とは，どのような学習の道具となり得るのだろうか。

　子どもたちは今までも教科書やノートといった学習の道具を使ってきた。教科書は，主として知識や技能を学ぶための情報の供給源としてのメディアの役割を果たし，ノートは子どもたちが考えたり学んだことを記録したりするためのメディアの役割を果たしている。

　一方端末は，教科書やノートの役割に加えて，自分なりの情報を集めるメディアの役割を果たす。例えば，インターネット検索を行って自分が知りたい情報を見つけたり，植物や動物の写真を撮影したり，地域の人にインタビューして生の映像情報を集めたりすることもできる。自分が学んだことを文章にして入力し，文字情報として記録することも可能だ。従来であれば，写真はカメラで，動画はビデオカメラで，音声はテープレコーダで，文字や図は紙に記録をしていたが，端末は全ての機能を備えている。デジタルデータにすることによって様々な情報を1つにまとめることができるのである。

　こうしたデジタルデータのメリットは「共有」できることである。例えば，デジタルデータをカードにまとめて互いに交換することもできれば，プロジェクタや電子黒板に表示して全員に見せることもできる。つまり，それぞれの情報を相互に交換したり全体に共有したりして，子ども同士に相互作用を起こさせる道具として捉えることができるのである。

　また，端末は子ども一人ひとりのニーズに合わせた学習の道具にもなる。算数の計算が苦手な子どもには同じような問題を繰り返し行うことで習熟を図り，得意な子どもには発展的な問題を出して高いレベルに到達できるようにしていく。将来的には，AIが自動的に評価を行い，その子にあった内容を適切に指導する学習も可能になっていくだろう。

　さらに，端末を学校外でも使うことによって，学習はより生活につながっていくことになる。子どもたちは自分が興味あるものを撮影したり編集したりして，デジタル作品を制

作することは喜んで行う。例えば，家庭科が好きな子どもは，学校で学習した調理の方法を使って，自分の家で料理を作る様子を撮影・編集して料理番組を作成することを楽しむだろう。同様に，図画工作や音楽が得意な子どもは，デジタル作品を積極的に作るだろう。全員一律の宿題ではなく，子どもに応じた課題解決を，端末を使ってできるようになれば，家庭学習はより創造的で楽しいものになっていく。

カリキュラムを考える際には，このような端末の特長を踏まえることが必要になる。そのためには，キーボード入力といった基本的な技能を学年に応じて習得できるようにしなければならない。

⑵　授業スタイルを見直す

学校は，日常の授業において，子どもたちが自律的な学習ができるようにしていく必要がある。それは，「教師に教えてもらう」のではなく，子どもたちが学習課題の解決に向けて「自分で学びとる」ことができるような授業に改善していくことである。

図1の左側に示すような「黒板の前で教師が発問や指示を行い，挙手をした子どもだけが答えながら授業を進める」という従来の一斉指導の授業スタイルでは，自律的な学習者を育てることは難しい。なぜならば，そのような授業では，発言した子どもだけで学習が展開されるので，発言しない子どもにとっては，教師または発言する子どもに教えてもらえることになり，自律的に考えなくてもよくなるからである。

そこで，教師は自分の授業を見直し，授業スタイルを改善していかなければならない。そのためには，日常の授業において，端末を活用して自律的な学習ができるような学習のサイクルを定着させる必要がある。

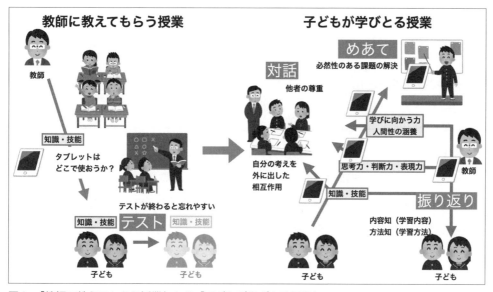

図1　「教師に教えてもらう授業」から「子どもが学びとる授業」へ

例えば，**図1**の右側で示すように，解決すべき必然性のある学習課題である「めあて」を達成するために，子どもたちが対話を繰り返しながら，自分の考えや集めてきた情報を交換し，授業の終末では，振り返りをカードに記入し提出し，子ども同士で共有できるようにするといったものである。教師はそれを形成的に評価することで，「見通し」「学習活動」「振り返り」の学習サイクルが定着できるようにしていく。

これは家庭学習も同様である。全員一律の宿題を課してしまうと，自律的な学習者は育ちにくい。子どもたち自身が端末を使って自分に合った課題ができるようにしていく。

(3) 学習評価を充実させる

学習指導要領では，学習評価の充実について次のように示されている。

実際の評価においては，各教科等の目標の実現に向けた学習の状況を把握するために，指導内容や児童の特性に応じて，単元や題材など内容や時間のまとまりを見通しながら評価の場面や方法を工夫し，学習の過程の適切な場面で評価を行う必要がある。その際には，学習の成果だけでなく，学習の過程を一層重視することが大切である。特に，他者との比較ではなく児童一人一人のもつよい点や可能性などの多様な側面，進歩の様子などを把握し，学年や学期にわたって児童がどれだけ成長したかという視点を大切にすることも重要である。

また，教師による評価とともに，児童による学習活動としての相互評価や自己評価などを工夫することも大切である。相互評価や自己評価は，児童自身の学習意欲の向上にもつながることから重視する必要がある。

文部科学省「小学校学習指導要領解説　総則編」2017年

情報活用能力や問題発見・解決能力のような，筆記テストでは測定できない力を育成するためには，学習の過程の段階で以下に示すような方法を用いながら形成的に評価をしていくことが必要になる。

①パフォーマンス課題とルーブリック

パフォーマンス（表現）課題とは，リアルな状況設定の中で知識やスキルを使いこなすことを求める課題である。例えば，プレゼンテーションやディベート，リーフレットやレポートの作成などがそれに当たる。思考力・判断力・表現力等を育成するためには，このようなアウトプット型の課題が必要とされる。しかし，発表そのものが目的化されないようにするためには，子どものパフォーマンスを一定の基準に沿って評価する必要がある。それが，パフォーマンス評価と言われるものである。また，最終場面だけを評価しても，子どもたちの力を伸ばすことはできない。そこで必要とされるのがルーブリックと呼ばれる評価基準である。

ルーブリックは，パフォーマンスの評価の指針を示すものであり，達成のレベルと評価

項目からできている。具体的な例として，美術科「町のポスターを作ろう」という授業で説明しよう。この授業においては，自分たちが住んでいる町に多くの人たちが訪れるようなポスターを作成することが学習のゴールとなる。そのために，単元の前半は，実際に使われている様々なポスターをみんなで調べて，よいポスターのポイントを探る。後半は，前半の知見を生かして，実際にポスターを制作する。そこで，授業の目標を以下のように設定する。

【知識・技能】
○色，形，構成などの効果が分かる。　○端末を使って調べたり制作したりする。
【思考・判断・表現】
○本物のポスターのよさを感じ取る。　○相手や目的を考えながら工夫して表現する。
【主体的に学習に取り組む態度】
○人と積極的に対話して見方を深める。　○主体的に作品を作り，その喜びを味わう。

このような授業の目標を基にして，表1のようなルーブリックを作成する。

表1　ルーブリックの例

項　　目	S	A	B	C
知識・技能	色，形，構成などの効果が分かり，端末を使って満足のいく作品を作ることができた。	色，形，構成などの効果が分かり，端末を使って作品を作ることができた。	色，形，構成などの効果は分かったが，端末を使って満足のいく作品を作ることができなかった。	色，形，構成などの効果も分からず，満足のいく作品を作ることもできなかった。
思考・判断・表現	ポスターのよさを感じ取り，相手や目的を考えながら十分に表現することができた。	ポスターのよさを感じ取り，相手や目的を考えながら表現することができた。	ポスターのよさを感じ取ることはできたが，考えて表現することはできなかった。	ポスターのよさを感じ取ることも考えて表現することもできなかった。
主体的に学習に取り組む態度	友達と積極的に対話し見方を深め，主体的に作品を作ることの喜びを感じることができた。	友達と積極的に対話し見方を深め，主体的に作品を作ることができた。	友達と対話して見方を深めることはできたが，主体的な作品づくりはできなかった。	友達との対話も作品づくりも不十分であった。

子どもたちは，こうした評価の規準を確認して学習を進めていくことになる。もっとも，ルーブリックは常に教師が作るというものではなく，学習課題や子どもたちの学習経験によっては，子どもたちがルーブリックを作成することが望ましい。教師が「この学習でどんなことができるようになりたい？」と問いかけて，子どもたちが答えた内容をまとめて評価基準にしていくわけである。「美しい写真を撮影できるようになりたい」「みんなで協力しながらよい作品が作れるようになりたい」といった子どもたちからの意見を基にした評価の基準は，学習をより主体的なものにしていく。

②振り返り

　小集団で話し合っていれば「対話」が成立するというわけではない。「対話」は，話し

合いを指すものではなく，自己の中に内面化していく活動（内化）を指すものだからである。だから，講義を聴いている間に対話が生まれることもあるし，小集団で話し合いをしても生まれないこともある。また，実際の学習の場面では，内化が生じたのかどうかを，その場で検証することは難しい。だから，話し合いの後は，「何を学んだのか」ということを記述する必要が生じる。つまり，「対話」においては，「話す」だけではなく，「聞く」「書く」ということが極めて重要な要素になってくるのである。

　そう考えると，学習の最後にしっかりと振り返りの時間を設け，「自分が学んだ内容（内容知）」と「自分が行った学習方法（方法知）」について記述することが，自律的な学習のスキル獲得を促していくことにつながる。したがって，子どもたちは，授業終了前の数分で，ルーブリックを見ながら，「学んだこと（気付いたこと）」（内容知）や，「何ができるようになったのか」「何ができなかったのか。どうすればいいのか」（方法知）といったことを，自己評価シートに文章で記入することが望ましい。獲得した内容や方法は，言語化して初めて知識として習得されていくからである。

　また，以下のような評価の視点を定めておくと教師も評価が行いやすい。

---

❶自らの気付きを明確にしている記述

　　例：「ニュース原稿を書いてみて，文章を短くすることの大切さを学びました。」

❷自らの伸びや課題を実感している記述

　　例：「昨日よりも，話し合う力が付きました。」

　　例：「時間が足りなくて終わりませんでした。次は時計を見ながらやりたいです。」

❸他の経験や学習とを結び付けた記述

　　例：「今まで何も考えずにテレビを見ていたけれど，この学習で見方が変わりました。」

　　例：「社会の時間に見学した新聞社の記者さんの工夫の意味がよく分かりました。」

❹友達からの学びを意識した記述

　　例：「田中君が，いいねと言ってくれたので，話しやすくなりました。」

　しかし，書かせっぱなしでは，子どもたちの意欲も続かない。教師がチェックを入れたりして簡単に形成的な評価を行っていくことが重要になる。また，記入された自己評価シートが他の子どもたちにも共有できるようにすると，振り返りの質が向上していく。

　自己評価シートは，継続することに意味があるので，教師の負担を最小限に抑えて，子どもたちの自己評価の力を継続的に高めていく必要がある。また，教師が自分自身の授業の在り方を振り返る材料にもなる。

　図2に示すのは，4年生の国語科の自己評価シートの例である。評価をできるだけ効率的にするために，教師からの評価はコメントを書かずに右欄のチェック項目に○印を記入し，望ましい記述には☆印を付けるだけにしている。

　次の授業時間に，☆印をもらった子どもがその記述を読み上げるようにすると，どのよ

うな評価の記述が望ましいのかということを学級全体に知らせることができる。書けない子どもたちにとっては，それが一つのモデルになるので，その書き方を真似していくうちに，少しずつ書けるようになっていく。真似をされた子どもたちは，新たな視点で振り返りを行おうとするので，記述が変化していく。こうした取組を継続的に行っていくと，全員の記述の質や量が飛躍的に向上していく。

　高学年では，**図3**のように，キーボードを使って振り返りを記入することを推奨する。はじめは入力に時間がかかるが，継続していくうちにスピードは自然と速くなっていく。

　文字入力の技能が高まるだけでなく，電子上で共有できるようにすれば，子どもたちはお互いの記述を瞬時に読むことができるので，相互作用も促されることになる。

図2　自己評価シート

図3　デジタル版自己評価シート

3 カリキュラムの実際

学習指導要領では，情報活用能力を学習の基盤となる資質・能力として位置付けている。1人1台の端末が配備される GIGA スクールにおいては，この情報活用能力の育成がより一層重視されることになるだろう。そこで本章では，そのためのカリキュラムを例に挙げて，その実際について述べることにする。

(1) 情報活用能力を育成する学習内容

学習指導要領では，情報活用能力について以下のように具体的な内容が示されている。

> 情報活用能力をより具体的に捉えれば，学習活動において必要に応じてコンピュータ等の情報手段を適切に用いて情報を得たり，情報を整理・比較したり，得られた情報を分かりやすく発信・伝達したり，必要に応じて保存・共有したりといったことができる力であり，さらに，このような学習活動を遂行する上で必要となる情報手段の基本的な操作の習得や，プログラミング的思考，情報モラル，情報セキュリティ，統計等に関する資質・能力等も含むものである。こうした情報活用能力は，各教科等の学びを支える基盤であり，これを確実に育んでいくためには，各教科等の特質に応じて適切な学習場面で育成を図ることが重要であるとともに，そうして育まれた情報活用能力を発揮させることにより，各教科等における主体的・対話的で深い学びへとつながっていくことが一層期待されるものである。
>
> 文部科学省「小学校学習指導要領解説　総則編」2017 年

IE-School（情報教育推進校）では，情報活用能力の育成に関わる事例を学習内容という観点から**表2**のように4つの分類に整理し，「想定される学習内容」として位置付けている。

表2　情報活用能力育成のための想定される学習内容

想定される学習内容	例
基本的な操作等	キーボード入力やインターネット上の情報の閲覧など，基本的な操作の習得等に関するもの　等
問題解決・探究における情報活用	問題を解決するために必要な情報を集め，その情報を整理・分析し，解決への見通しをもつことができる等，問題解決・探究における情報活用に関するもの　等
プログラミング	単純な繰り返しを含んだプログラムの作成や問題解決のためにどのような情報を，どのような時に，どれだけ必要とし，どのように処理するかといった道筋を立て，実践しようとするもの　等
情報モラル・情報セキュリティ	SNS，ブログ等，相互通信を伴う情報手段に関する知識及び技能を身に付けるものや情報を多角的・多面的に捉えたり，複数の情報を基に自分の考えを深めたりするもの　等

文部科学省「教育の情報化に関する手引（追補版）」（2020）より

⑵　熊本市版モデルカリキュラム

　筆者が開発した熊本市版のモデルカリキュラムについて解説する。

　その特長は，小学校段階では国語科の教科書単元を柱とした系統的な学習を提案しているところである。国語科は文字入力の基本的な技能や情報の収集・編集・発信までの一連の学習活動が単元の中に組み込まれているからである。また，国語科において情報活用能力の基盤を育てながら，他の教科等に応用・発展させていくようにすれば，全体に活用が広がっていく。学校全体で共通理解して取り組めば，教師の興味・関心によって温度差が生じることも防ぐことができる。

　図4は，小学校第4学年のモデルカリキュラムである。例えば，3年生の段階で学習した「ローマ字の書き方」を復習しながら文字入力をより確かなものにし，「みんなで新聞を作ろう」という単元では端末を活用して情報の収集・編集・発信の学習活動を行っていく。こうした技能を各教科等や総合的な学習の時間に活かすようにしていくわけである。

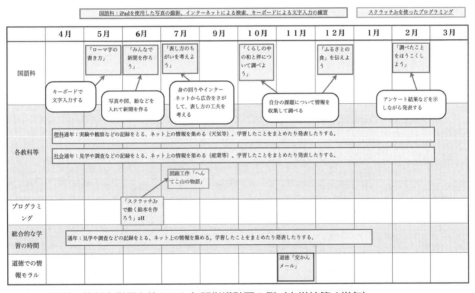

図4　国語科の教科書単元を柱とした年間指導計画の例（小学校第4学年）

　中学校では，小学校段階において基礎的な知識・技能を習得していることを前提とする。その上で，それぞれの教科において情報活用能力を高める学習活動を展開し，総合的な学習の時間や特別活動等につながっていくような教科横断型のカリキュラムにしていきたい。

　また，表2のIE-Schoolの学習内容と「仙台市版　情報活用能力の育成　おすすめカリキュラム！」を参考にして，小学校低学年から中学校までの大まかな学習内容の段階を表したものを次ページの表3に示す。

表3　熊本市版モデルカリキュラム　情報活用能力の段階表

項　目	概　要	学習内容	小学校低学年	小学校中学年	小学校高学年	中学校
基礎的な知識・技能	観察・実験をしたり図書館・インターネットで情報を収集したり，相手や目的に応じて分かりやすく伝えたりするために必要な基礎的な知識・技能	撮影・編集 図書資料 インタビュー アンケート キーボード入力 メモ 新聞・リーフレット等 口頭発表等	身近な事象から情報を集めて，相手や目的に応じて発信する。 ・写真の撮影 ・図書資料からの情報	学校外の事象や図書資料・インターネットなどから情報を集めて吟味し，相手や目的に応じて発信する。 ・キーボード文字入力（1分間20文字程度）	学校外の事象や図書資料・インターネットなどから情報を複数集めて吟味し，相手や目的に応じて効果的に発信する。 ・キーボード文字入力（1分間30文字程度）	学校外の事象や図書資料・インターネットなどから情報を複数集めて吟味し，相手や目的に応じて，グラフや図表を用いて効果的に発信する。 ・キーボード文字入力（1分間40文字程度）
思考・判断・表現力	収集した情報を整理・分析して，分かりやすくまとめて発信したり，自分たちの学習を振り返って省察したりするための思考・判断・表現力	問題発見 問題解決 情報の吟味 複数の情報の比較 情報の組合せ メディアの特性 相手・目的意識 探究計画 省察の技能	身近なところから情報を収集して分類・整理し，意見をまとめて，相手を意識して，分かりやすく表現する。学習内容と方法を振り返り，できるようになったことに気付く。	調査や資料等から情報を収集し，情報同士のつながりを見つけたり，表やグラフを用いて整理する。相手に合わせて，適切に表現する。 自らの情報活用を振り返り，どのように改善をしていけばいいのかを考える。	問題を発見し，その解決のために調査や資料等から情報を収集し，情報同士のつながりを見つけたり，表やグラフを用いて整理する。 問題の解決策を明らかにして表現・発信・創造する。 自らの情報活用を振り返り，改善点を分析し考える。	問題を発見し，その解決のために，目的に応じた情報メディアを選択し，調査や実験等を組合せながら情報を収集し，目的や状況に合わせて統計的に整理したり，情報の傾向や変化を捉えて，問題の解決策を明らかにして表現・発信・創造する。情報及び情報技術の活用を振り返り，改善点を分析し考える。
プログラミング的思考	自分が意図する一連の活動を実現するために，動きに対応した記号の組合せをどのように改善していけば，より意図した活動に近付くのか，といったことを論理的に考えていく力	分解して考える 順次を考える 分岐を考える 反復を考える 試行錯誤する 情報社会を考える	問題の解決や表現活動の際には手順があることを理解する。 ・ビスケット	問題解決や表現活動の際に，コンピュータとプログラムの関係を体験的に理解し，順次，分岐，反復を含んだプログラムの作成ができる。 ・スクラッチJr	問題解決や表現活動の際に，コンピュータとプログラムの関係を体験的に理解し，順次，分岐，反復を含んだプログラムの作成を行い，評価・改善ができる。 ・スクラッチ ・スフィロボルト	問題解決や表現活動の際，論理的な手続きやデータを様々に工夫できることを体験的に理解する。情報技術の価値を社会や将来に関連付けて考えることができる。
情報モラル	情報社会や情報手段の特性の理解と，安全かつ適切に情報手段を使うことによって，よりよい情報社会を創ろうとする知識と態度	情報と健康 セキュリティ 著作権・肖像権 ルール　マナー 情報社会の未来	自分や他の人たちの情報を大切にし，ルールを守って安全に情報手段を使うことを理解する。コンピュータやインターネットの基本的なルールやマナーを理解する。	情報手段の利便性と危険性を理解し，自分や他の人への影響を考えて適切に使用する。生活の中で必要となる情報セキュリティを理解する。	情報手段の利便性と危険性を理解し，自分や他の人への影響を考えて適切に使用する。生活の中で必要となる情報セキュリティを理解する。情報社会での情報技術の働きや産業や国民生活の関わりを理解する。	情報手段の利便性と危険性を理解し，自分や他の人への影響を考えて適切に使用する。生活の中で必要となる情報セキュリティを理解する。情報や情報技術を多様な観点から考えることによって，よりよい生活や持続可能な社会の構築に生かそうとする。

参考：「IE-Schoolにおける指導計画」「仙台市版　情報活用能力の育成　おすすめカリキュラム！」

(3)　情報活用能力を育成するためのカリキュラム・マネジメントの推進

　カリキュラムを子どもの学習経験の総体として捉えて改善していくためには，学校全体で教育計画を立て，学習活動の実施状況に基づいて評価・改善を行いながら教育活動の質を向上させていくというカリキュラム・マネジメントが求められる。

　具体的には，情報活用能力を育成するために，年間にどのような学習を行っていけばよいのかを校内研修等で全教員で話し合い共通理解していく必要がある。例えば，熊本市立尾ノ上小学校では，モデルカリキュラムを参考にしながら，教科書や指導書等を広げて話し合い，1年間の学習活動を学年ごとに1枚のスライドにまとめて全体で共有するという校内研修を行っている。さらに，年度の後半では，実施状況に基づいて評価・改善を行う。

　このような，全ての教員による協働的な取組こそが，カリキュラムをより生きたものにしていくと言えるだろう。GIGAスクールはカリキュラムの変化だけではなく，時代の変化に対応できる教師集団をも必要としているのである。

図5　教科書を広げて1年間の見通しを話し合う

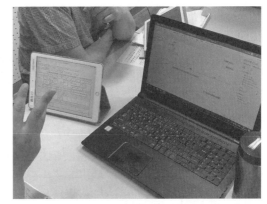

図6　モデルカリキュラムを見ながら学習活動を考える

[参考文献等]

・田中統治・根津朋実編著『カリキュラム評価入門』勁草書房，2009年
・文部科学省国立教育政策研究所「OECD 生徒の学習到達度調査（PISA）〜 2018 年調査補足資料〜」，https://www.mext.go.jp/kaigisiryo/content/000021327.pdf（2019年）
・文部科学省「小学校学習指導要領解説　総則編」2017年
・文部科学省「教育の情報化に関する手引（追補版）」2020年
・仙台市教育センター「仙台版　情報活用能力の育成　おすすめカリキュラム！(小学校版) ＜ ver1 ＞」，http://www.sendai-c.ed.jp/04kenkyu/06jyoho/jyokatu20180614.pdf（2017年）
・熊本市教育センター「熊本市版 ICT 教育モデルカリキュラム」，http://www.kumamoto-kmm.ed.jp（2020年）

教室にパソコンがやってきた

中川 一史

　これは筆者が大学を卒業して数年後の，小学校教諭をしていた頃の話である。

　視聴覚教育に興味があった筆者は，当時，まだ高価だったパソコンを，地元の業者の方からお借りし，教室に持ち込んだ。なぜならば，パソコンは難しいものだと思っていた筆者が Mac と出合い「これぞ子どもが触れ合えるパソコンだ！」と惚れ込んだからである。

　当時，小学校１年生の担任をしていた。とにかく，パソコンの管理は全面的に子どもたちに任せ，そのトラブル（毎日のように，よく起こった）を学びのタネとして全体で共有していた。

　その頃，お絵描きソフトで自分の描いた絵や声を黄色い円盤（と子どもたちは呼んでいた＝フロッピーディスク）に入れることがクラスで流行り始めていた。そのような中，せっかく自分が描いた絵が消されたり（データ保存の必要性と，勝手に人のディスクを消去しないなどのルールが決まる），空気が "レーケー" になると黄色い円盤（フロッピーディスク）の "空気" がなくなり，それ以上何も入らなくなったり（子どもたちが「くうき」と呼んでいたのは「空き（あき）」容量のことで，レーケーとは０キロバイトのこと），磁石で黄色い円盤をグルグルやると，フロッピーディスクは使えなくなったりすることなどが毎日のように子どもたちから発見されたり，揉め事になったりしていた。

　そのような中で起こったのが，自分の声があのフロッピーのどこに入っているのか？という子どもたちの疑問である。数日前からこのことが時々話題になってはいたのだが，ある朝，教室に行くと，教室の中がざわざわしている。「先生，黄色い円盤のどこにも僕の声がないよ！」というある子の叫び。「あ〜〜やられた！」と思ったが，すでに遅し。教室にあるほとんどのフロッピーディスクは無残にも中の茶色い磁気シート（？）が子どもたちによってハサミで切り刻まれていた……。そこにきっと声が入っていると，かたく信じていたのである。

　この一連の出来事で筆者が教師としてしたかったことは，教科で言うと，生活科＆特別活動だったのかもしれないが，そういう大人の都合の枠組みではなく，子どもの不思議・疑問は，子どもが子ども同士で追究し解決していくという場を作りたかったのだったと今になっては思う。とにかく，子どもたちから解決の糸口が出るまで，ひたすら我慢した。

　「主体的に」「自ら進んで」とか言葉では簡単に言うが，綺麗事ではなかなか，この機会すら大人は場として子どもたちに提供していないのではないか。そんな思いが当時の教師としての筆者には強くあったのではないかと思う。

　それにしても，よくクラスの保護者も学年の先生方も，あたたかく見守ってくださったものだ。それがすごいよね。

[参考文献]
・中川一史著『マックが小学校にやってきて，子どもたちはどうなったのか？』アスキー出版局，
　1995 年

事例編

GIGA スクールで変える
これからの授業づくり

事例編 ①
授業づくりとGIGAスクール

子どもが主体となる授業デザイン
自ら学び取る学習者の育成

熊本市立楠小学校教諭
山下若菜

1　iPad がやって来た！　でも，こんな使い方でいいの？

　熊本市は，2018 年 9 月より熊本市立の小中学校へ iPad や電子黒板などの整備を開始した。楠小学校にも，3 クラスに 1 クラス分の iPad が配布され，教員には 1 人 1 台の iPad が配布された。2018 年の夏休みに，私は生まれて初めてのタブレットを手にした。当時の校長は，「まずは，遊んでみてよ」と私たちに iPad を渡し，とにかくまずは使ってみることにした。最初は写真を撮ってみる，動画を撮ってみる，課題を子どもたちに分かりやすく提示してみるなど，今までの授業に iPad が使えそうなところをのせていたイメージだった。しかし，私も子どもたちも，最初は真新しさから興味を持って使っていたが，私の中で「本当にこんな使い方でいいのか」という思いがわきあがってきた。

　私は，ICT 機器が特別得意なわけではない。しかも，生まれたときからスマホやタブレットがある中で育ってきた子どもたちに，技術面で勝てるわけがない。最初は確かに，「私がやり方を教えなきゃいけない！」と思っていたが，早々にそれは諦めて，私は子どもが夢中になれるような課題を考えたり，授業デザインを考えたりすることに集中することにした。

2　授業の実際〜しゃべるのは子どもたち！

(1)　**実践事例：物語文に BGM を付ける**
　　第 4 学年国語科「ごんぎつね／新美南吉」（東京書籍）の実践（2019 年 9 月）

【単元のねらい】
　物語を読んで，人物同士の関わりを考え，感想を伝え合うことができる。

　今までの物語文の指導を考えてみると，本文を読み，登場人物を整理しながら，物語の背景を確認したり，登場人物の心情を吹き出しで考えたりという流れの授業を行ってきていた。しかし，授業デザインを改めて考えてみると，今までの授業は，「教師と子ども」という一方向でのやり取りが中心の授業で，私と特定の子だけのやり取りになってしまっ

たり，私の解釈を押し付けてしまったりしていたのではないかと気付いた。そこで，まずは全員が主体的に参加しやすい状況を，と考え，iPadの音楽作成アプリ「GarageBand」を使って，場面に合ったBGMを付ける活動を行ってみることにした。

①グループでの録音

「ごんぎつね」の登場人物の気持ちや場面の様子を想像しながら教科書を読み，3〜4人グループで音読を録音した。子どもたちは，小グループだからこそ，意味が分からない言葉をすぐに確かめ合えた。また，練習して何度も読むことで，登場人物の場所や場面の様子を容易に想像することができていた。

②録音した声へのBGM付け

最初は，BGMの善し悪しばかりの発言が多かったが，作品の発表会をするたびに，友達の音読に注目したつぶやきが聞こえ始めた。子どもたちもBGMをつける活動を繰り返すうちに，だんだんと場面の登場人物の心情を考えられるような発言が多く出てくるようになった。

資料1　グループでの対話

【子どもたちの姿から見た成果】

- グループでの録音だったので，どのように音読するのかを考える中で自然に子どもたち同士の対話が生まれ，結果的に本文にかえって内容を読み深めるような対話が行われていた。
- 自分の声を録音するという活動のため，子どもたちは何度も音読練習を自発的に行い，その結果，物語を深く読み込んだり，漢字や語彙なども獲得したりすることができた。単元テストで，今までの物語文では平均点が85点程度だったが，BGMを付ける活動をした単元では，95点以上という成果が出た。

資料2　「Pages」を使った紹介カード

- iPadの文書作成アプリ「Pages」を使って紹介カードを作らせた。カードには，自分のお気に入りの一文と挿絵を選び，選んだ理由を書かせた。カードを友達に見せ合いながら感想を伝え合う活動を，単元の最後の活動として行った。今まで自分の思いを書くことが苦手だった子どももBGMづくりをしたことで物語にのめり込んでいたため，積極的に取り組むことができた。

(2)　実践事例：下級生に向けた分数動画をつくる
　　　第4学年算数科「分数」（啓林館）の実践（2020年2月）

【本時のねらい】

動画づくりを通して，分数の概念について理解することができる。

分数の学習をひととおり終え，最後に学んだことをどのように定着させようかと考えていたとき，iPadの動画作成アプリ「Clips」を使って，3年生に向けた分数の説明動画を

作成してみたらどうかと考えた。誰に向けてということを設定することで，相手意識を大事にしたり，動画にするということで，分かりやすく見せるために分数の概念をもう一度考え直したりする状況ができるのではないかと考えたからだ。

①役割分担を決める

　「役者」「カメラマン」「フリップ係」と，自分の力を一番発揮できる役割を選び，3人組をつくった。

②どのような動画にするのか考える

　算数教材室に行き，自分たちの動画に使えそうな材料を探した。「リンゴの模型があるから使ったらよいかも」「絵の具でジュースみたいにして劇にしてみようか」という声も聞こえてきた。

「分数は，『1』をいくつに分けた何個分かだから，絵の具ジュースを配ればいいね。」

「きちんと同じ量ずつ分けないと，分数の意味が伝わらないよね。」

資料3　動画づくりの作戦タイム

③動画撮影

　どうすれば分かりやすい動画になるのか考え，討論し，教え合いながら動画を撮った。

【子どもたちの姿から見た成果】

○3年生に向けて，という相手意識を大事にした課題を設定したことで，分かりやすい表現を考えようと積極的な対話が見られ，考える過程で分数の本質を理解することができた。

○自分の力が一番発揮される役割を選ぶことができたので，全員が主体的に活動に取り組むことができた。

○動画を撮影することで見せ方の工夫をするようになり，本当に大事なところはどこなのか，という授業の本質的な部分を考えるようになった。

(3)　**実践事例：デジタル人名辞典をつくる**
　　第6学年社会科「世界に歩み出した日本」(東京書籍) の実践 (2020年10月)

【単元のねらい】

　日本が江戸時代の終わりに結んだ不平等条約をどのように条約改正していったのかをつかみ，日本がどんどん国際的地位を向上させていく様子を理解する。

〔まさかの休校！　何をすればいいのか分からない！〕

　なぜ私が強く「自ら学び取る学習者の育成」ということを意識するようになったかというと，新型コロナウイルス感染症感染対策による休校期間があったからだ。このような状況において，ほとんどの子どもたちは，休校中の空いた時間をどう過ごせばいいか分からないでいた。そんなことがあって，ますます「これは普段の授業から，子ども自身が学び取ることができるような授業にしていかないとダメだ」と感じるようになった。

〔え⁉　教えてくれないんですか？〕

　従来の授業であれば，単元の最初のつかみを行った後，それぞれの出来事を順番に習っていくという流れである。しかし，この時代は出てくる歴史上の人物がとても多く，教科

書どおりに進めても，きっと子どもたちの中でサーッと出来事と人物が流れてしまうのではないかと感じた。そこで，今回は教科書の流れどおりということではなく，この時代を1つのまとまりとして単元全体で捉え，単元全体から子どもたちが主体的に学び取れるような授業デザインにできないかと考えた。そこで，「この時代の中に出てくる人物の『デジタル人名辞典』をみんなで完成させよう」というパフォーマンス課題を提示した。提示してからは，どんな人名辞典にすればよいのか意見を出し合い，「思わずみんなが見たくなるような工夫が

デジタル人名辞典についてのルーブリック評価表			
評価規準	内容（知識・技能）	資料活用や伝え方 （思考・判断・表現）	言葉
A （5点）	①歴史的人物がしたこと ②時代背景や世界との関係 ③歴史的人物の思い ④歴史的人物の関連人物 がわかる。	人物がしたことの根拠になるような資料が活用されていて，自分の考えも書かれている。	教科書に載っている言葉（キーワード）を使って書かれていて，文章に間違いがない。
B （3点）	①〜④の視点から2つがわかる。	人物がしたことの根拠になるような資料が活用されている。	教科書に載っている言葉を使っている。
C （1点）	①〜④の視点が無い。	人物がしたことと，資料の内容がバラバラ。	勝手に自分で考えた言葉にしている。

資料4　成果物のルーブリック

いるということ」という見せ方の工夫に加えて，「どのようにして条約改正まで導いたのか分かるようになること」「どうやって国際的地位の向上ができたのかが分かること」なども踏まえて「その人物のどんな思いや願いがあったのかも分かること」という教科の本質に関わる内容の工夫にも気付いていった。そして，成果物のルーブリックを提示した。

　子どもたちには，この時代に出てくる15人をアイコンにしたものを一気に見せると，「多すぎて覚えられない！」という反応が返ってきた。私が「じゃあ，調べていこうか」と返すと，「え!?　教えてくれないんですか？」の声。「そうだよ。先生も詳しく分からない部分があるんだよね」と答えた。その後，はじめは不安そうに調べていく様子だったが，調べることにぐんぐんのめり込んでいくことになる。

①イメージで分けてみる

　さすがに，15人の人物をいきなり「はい調べて！」と丸投げするのは乱暴なので，まずは，この時代の人たちが不平等条約の存在に気付いたとされる「ノルマントン号事件」をNHK for Schoolで視聴した。すると，当然のように怒りが混じった問いが出てきた。その後，いかにして条約改正を行っていったのか仮説を出し合いながら，視点分

資料5　人物アイコンの視点分け

けをしていった。子どもたちは人物のアイコンを見て，友達と意見を交流しながら分けていく。まずは条約改正に大きく関わった，陸奥宗光，小村寿太郎，東郷平八郎の3人の中から誰か1人を選んで，人名辞典をつくるための調べ学習をスタートさせることにした。

②それぞれの方法での調べ学習→共有タイム

　小村寿太郎について，NHK for Schoolを視聴してルーブリックを確認しながらノートに分かったことを書き込んでいく子，陸奥宗光について，動画を視聴しながら，分からない語句が出てきて教科書で調べていく子，東郷平八郎を調べながら，分かったことをタブレットを二画面にしながら直接打ち込んでいく子。1人1台iPadがあるので，それぞれが調べやすい方法と速度で学習を進めていった。

その時間の終わりには，共有タイムを設けて，同じ人物を調べた子ども同士が集まって，それぞれに調べたことを共有し合った。その場では，自分が調べたことを確かめ合ったり，知らなかった情報を知り得たりする，という時間にもなっていた。

資料6　共有タイム

最初は，1人ずつしか調べないとなると，他の子が調べたことは分からなくなってしまうかもしれないなと思ったのだが，1人を調べ始めると，資料がつながり始め，結局は3人全員を関連付けて考えることができるようになっていった。この様子を見て，これはいける，と手応えを感じた。

③思わず見たくなるような人名辞典にする

資料7は，実際に子どもたちがつくった人名辞典である。デジタルのよさを生かして，人物になりきって音声を録音したものや，プレゼン作成アプリ「Keynote」でつくったクイズ動画を，人名辞典に貼り付けたものもあった。その中で，子どもが夢中になれる仕掛けをと思い，「無料通信アプリ『LINE』風

資料7　人名辞典の一部

のやり取りをしてみたら？」と提案してみた。歴史上の人物となると，どうしても身近に感じられなかったり，想像上の人物のように捉えてしまったりする子もいる。そこで「LINE」という子どもたちに身近なツールを通して表現することで，少しでも身近に感じられるのではないかと考えたからだ。また，「LINE」で人物に語らせるとなると，その人物のことをしっかりと理解する必要がある。また，人物同士の関わりという視点からも考えることができる。中にはそのことに気付き，グループLINEをつくりあげる子どもも出てきた。

④電子書籍にしてお家の方に見てもらう

文書作成アプリ「Pages」でつくった人名辞典は，EPUBに書き出し電子書籍にした。子どもたちは，それが入ったタブレットを家に持ち帰り，お家の方に学校で学んだことを話した。そして，Googleフォームでつくっていたアンケートにコメントを記入してもらうことにした。また，子どもたちも自己評価，相互評価を行った。お家の方や友達からコメントをもらうことで，もっとこうすればよかった，とさらなる意欲を高める子どももいた。

⑤振り返りがしたくなる振り返りを

「自ら学び取る学習者の育成」には，学習の振り返りをすることは非常に重要であると考える。しかし，その重要性に気付いていながらも，時間が足りなくてカットしてしまったり，子どもたちが何を書いたらいいのか分からずに振り返ることを嫌がったりすること

が，過去の私の授業でよくあった。

　そこで今回は，まず学び方のルーブリックを子どもたちと確認し，それを見ながら毎時間の振り返りを行っていった。また，タブレットが1人1台導入されることを見越して，ICT支援員さんにお願いをして，振り返りシートをGoogleのスプレッドシートでつくっていただくことにした。自己評価や教師からのお返しチェックも瞬時にグラフ化することができ，毎時間の評価の推移も視覚的に分かるようになり，子どもたちの学びの質の向上にもつながった。また，それぞれの出席番号のタブをつくり，1人1枚のシートで書き込んでいくので，教師側も内容を把握したり，コメントチェックを返したりすることが容易にできるようになった。

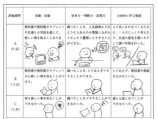
資料8　学び方のルーブリック

資料9　振り返りの様子

資料10　振り返りシート

⑥外国語活動への広がり

　外国語で「有名人を英語で紹介し，伝え合う」という単元がある。最初は，教科書に紹介されている有名人で授業をしようとしたのだが，子どもたちからは「北里柴三郎かな」「東郷平八郎にします」という声が聞かれた。人名辞典づくりを通して，この時代の歴史的人物は，子どもたちにとって，みんなが知っている有名人となっていた。そこで社会で学んだ人たちをクイズにすることにした。英語で紹介するために，子どもたちはiPadを使って「軍人」「小説家」「外務大臣」などの単語を進んで調べていき，クイズを楽しんでいた。

【子どもたちの姿から見た成果と課題】

○子ども主体の授業デザインにしたことで，どの子どもたちもこの時代に没入していた。授業時間外でも，この時代のことを語り合い，人名辞典をつくり続け，教科書に載っていないことを調べ始め，どんどん夢中になっていくのが分かった。

○出来上がった人名辞典を家に持ち帰り，お家の方から評価をもらうことで，お家の方との対話が生まれた。また，お家の方の中には歴史に詳しい方もおられて，家でも歴史の話をしたという家庭もあった。

△社会科では6時間という短い時間しかとれず，このような授業デザインにすると全く時間が足りなかった。そこで，国語でその人物がより輝くような文章の手法を学んだり，図工で人の目を引くようなデザインを学んだりと，教科横断的にカリキュラム・マネジメントする必要があると感じた。

端末活用によって可能となる新たな授業展開

学校と家庭，子どもと子ども，授業と授業をつなぐ

金沢大学附属小学校教諭
福田 晃

1 学校の周りの様子をくらべよう

(1) 学年・教科

第3，4学年複式学級・第3学年社会科

(2) 本時のねらい

「学校の東エリアと西エリアについて」に着目する中で，それぞれのエリアの特徴を理解することができる（知識及び技能）。

(3) 本時の特色〜コロナ禍の環境に合わせた授業設計

3年社会科「わたしたちのまち みんなのまち」における実践である。新型コロナウイルス感染拡大に伴う隔日登校という特殊な状況の下，端末の家庭への持ち帰りが可能となった。そこで，本実践では，従来の授業の延長で授業を設計するのではなく，この環境下でしかできない学びを実現することを意図して授業を行った。

本単元における従来の典型的な1時間の授業展開は，対象エリアについて，①見学時に気が付いたことを整理し（個人思考），②各自が整理した事項を共有し（全体共有），③特徴的な事象に視点を絞り（深める），④対象エリアの特徴をまとめる（学習のまとめ）というものである。本時は，Google Classroom のコメント機能を活用し，①見学時に気が付いたことを整理し（個人思考），②各自が整理した事項を共有する（全体共有）ところまでを家庭学習で終わらせ，対面式の授業時には③特徴的な事象に視点を絞る（深める）ところを重点的に取り上げることを行った実践である。

(4) 本時の概要〜ドローン画像を活用したまち観察

コロナ禍につき，2020年度は，実際に学校の周りの様子を見学に行くことができなかったため，Google Classroom にそれぞれのエリアをドローンで撮影した上空からの写真と

動画，教師が撮影してきた写真を投稿しておいた。既存の衛星写真は角度に問題があり，何があるかが十分に分からない。それゆえ，上空から対象エリアを45°の角度で撮影する，エリア全体を俯瞰するためのドローンを活用することとした。児童は，家庭学習の中で東エリアと西エリアの写真を見る中で，気付いたことをコメント欄に残していく。すなわち，従来授業前半に行っていた気付きの共有の一部を，自宅学習時に書き込むコメント欄に代替させることを試みた。また，東エリアと西エリアはどちらも住宅街である。東エリアはいわゆる新興住宅地であり，区画整理がなされている。一方，西エリアは古くからある住宅地であり，道も細く，入り組んだ構造をしている。授業ではそれぞれのエリアを従来のとおり，1時間ごとに学習していくのではなく，1時間で2つのエリアを取り上げ，その比較からそれぞれのエリアの特色を明らかにすることとした。本時の授業展開は以下のとおりである。

---

1. コメント欄を基にそれぞれのエリアにあったものを確認する（6分）
2. 「東エリアと西エリアにちがいはない」というコメントを取り上げ，"ちがい"に目を向ける中で学習課題を作成する（5分）
3. それぞれのエリアのちがいについて個人で考える（7分）
4. 見いだしたちがいを全体で共有する（18分）
5. 学習をまとめ，振り返る（4分）

休み時間を活用し，それぞれのエリア写真と「家がある」「畑がある」などといったコメント欄に記述されていたエリアの特色を，事前に黒板で位置付けておいた。授業導入時には，黒板を基にそれぞれのエリアの補足はないかを確認し，コメント欄に記述されていた「東と西にちがいはない」という考えを全体に示した。その後，児童の反応を基に＜東と西ではどんなちがいがあるか＞という学習課題を設定し，個人でそのちがいを考える時間を設けた。この際に，1人1台の端末環境が生きることとなる。投稿してある映像を，必要に応じて拡大したり，比較したりする中で，エリアのちがいについて考えていた。その後，見いだしたちがいを全体で共有しながら，それぞれのエリアを比較する中で特徴を明らかにし，最終的には「東エリアは広い整った道が広がる新しい住宅地であり，西エリアは細い入り組んだ道が広がる昔からある住宅地である」ということを確認し，学習を終えた。

資料1　共有資料とコメント

⑸　本時の１人１台端末活用シーン

○家庭学習

　児童は家庭での学習時に，Google Classroom に投稿した映像資料を基にそれぞれのエリアの特徴をコメント欄に記述していった。

　それぞれのエリアのコメント欄には，「住宅が多い」や「畑があった」などの気付きが書かれていた。タイムラインに表示されている位置から，東エリアを先にコメントし，次に西エリアにコメントする児童が大半を占めており，西エリアのコメント欄には「東エリアと同じで家が多かった」や「家があるのは一緒だけど，こっち（西）の方が古い感じがする」などといった比較したことによる気付きも多数見られた。だが，その中でも多くを占めていたコメントが，「東エリアとほぼ同じだった」や「ちがいはない」という住宅があることのみに注目したものであった。また，コメント欄に記述する回数などに制限などは設けていないため，見いだしたエリアの特徴を投稿して終わるのではなく，他者の書き込みに対して「確かにそうかも！」と共感するようなコメントを再度投稿する書き込みも複数見られた。

○事象の想起

　授業冒頭部では，東エリアと西エリアの写真を見て対象エリアの様子を思い出すよう促した。この際には，配布してある映像を拡大して細部まで見ている児童が大半を占めていた。一方で，コメント欄を見ている児童もいた。その意図を問うたところ，「映像は十分に家で見ていたが，書き込んだ順番が最初であったこともあり，コメント欄の記述を見ていなかったため，どんな考えがあったかを知りたかった」という返答があった。

写真１　それぞれのエリアを確認する児童

○主張する際の根拠の提示

　それぞれのエリアのちがいを考える場面では，もう一度写真を見直すことが必要となる。再度，自身の端末でじっくり写真を見たのち，その気付きを全体で共有した。その共有の際には，根拠を示すことが必要である。黒板には，それぞれのエリアの上空からの写真（A1サイズ）を位置付けてあるため，道路の幅や家の並び方などはその写真で十分に確認をす

写真２　根拠をスクリーンに示す児童

ることができた。しかし，家の古さに関してまでは，板書に位置付けた写真からはつかむことができない。その際には，教室後方部にあるプロジェクターに映像を投影し，どの部分に注目したかを拡大し，説明させた。

(6) 1人1台端末活用のメリット

○授業時間という枠を超えての交流

分散登校時，児童対象に家庭へ端末を持ち帰ることに関するアンケートを行った。アンケートから見いだされた端末持ち帰りのメリットの中で，多くを占めていたのが，Google Classroom のコメント機能であった。その理由は，クラスのメンバーが互いにコメント欄に気付きを書くことによって，家にいても他者の気付きを見ることができるため，授業中に仲間と交流しているような感覚になるということである。

○個人の必要に応じた活用

1人1台の端末環境によって，自分のペースで資料の閲覧が可能となる。それぞれのエリアの道幅について述べた児童の発言の際に，ピンとこなかった児童数名が，自身の端末で道幅はどうかという視点で映像を比較していた。以前であれば，教師や発言者のタイミングで一斉に大型ディスプレイに投影することを行っていたが，個の必要に応じた個別の映像の視聴が可能となる。さらに，別の社会科の授業場面で，発言を聴きながら，教師が準備した映像ではなく，Google ストリートビューの映像やマップで確かめている児童もいた。

(7) 本時の課題

本実践では，個人思考を家庭学習で終わらせることを試みた。それぞれのエリアの特徴について考えてこなかった児童は一人もいなかったものの，その取組状況には大きな差が生まれていた。多くの気付きを自身のノートにまとめている児童がいる一方で，ノートへの書き込みはなく，コメント欄に一文のみ書き込んで学習を終えている児童もいた。授業場面では，個人で考える時間を確保することになるため，このような差は生まれない。家庭での学習時にどのように向き合うかということについては児童と話し合ったり，保護者に声かけを依頼したりする中で児童の背中を押していくことが必要である。

(8) 日常的な児童生徒と ICT の関わり

端末が児童の手に渡ることによる懸念事項があるのは事実である。本実践を行う前に，クラスでの生活に関することを日常的にコメント欄に記述させることを行った。「コメント欄が荒れるのではないか」や，「普段の生活の中では起こることのなかったトラブルが起きるのではないか」といった指摘があるとおり，実際にコメント欄にふざけた書き込みがあった。だが，その事実を基に児童と対話をし，どのように活用していくかについて考

えることを行った。何か起こるから使わせないという考えで端末活用に制限をかけるのではなく，ある程度自由度を持たせてあらゆる経験をさせ，何かあった際には，児童と一緒に考えるというスタンスが大切であるように思う。

2　従来できなかった学びの構築

○授業と授業の隙間をつなぐ

　総合的な学習の時間の授業は週に2時間しかない。それゆえ，探究的な学びを成立させるために授業と授業の間に，児童の意識をつなぐことを大切にしている。1人1台の端末環境が構築される前までは，教室後方部にコミュニケーションボードを設置し，授業で発言できなかったことや，新たに調べて分かったことや疑問を付せんに貼って交流するスペースを設けてきた。

　今年度は，新たな環境下でこの点を打開する取組を始めた。Google Classroom に総合のクラスを作成し，毎時間の板書を掲載していく。そして，コメント欄には関係のあることであれば，書き込んでもよいこととした。**資料2**は，実際の投稿場面の一部である。総合の授業の翌日に気になったことを家庭で調べた児童が，参考にしたサイトの URL を投稿している。その投稿を受けて発言している児童もおり，学びが授業内で終止することなく，学びに連続性が生まれていることが分かる。

資料2　Google Classroom上でのやり取り

○児童の把握

　1日の学校生活を通して，それぞれの児童がどのようなことを感じているかを適切に把握することが担任にとっては必要なことである。児童の行動や発言を適宜観察することが大切ではあるものの，あくまでもこのことは教師による感覚に頼らざるを得なかった。その打開のために，SKYMENU Cloud のポジショニング機能を活用することとした。本学級では，終わりの会の際に，翌日の登校が楽しみかそうでないか，二軸のどのあたりに位置付くかを表現させている。このことによって，何か問題がありそうな児童には下校前に声をかけた方がいいなと判断したり，児童間にトラブルがあったが大きく捉えているわけではなさそうだと捉えたりすることができるようになった。

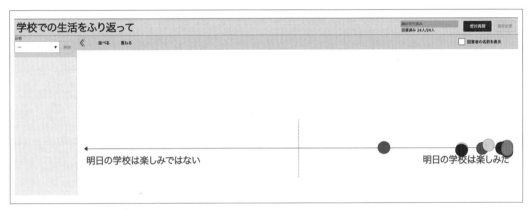

資料3　ポジショニング機能の場面

○複式学級における AI ドリル Qubena の活用

　担任をしている複式学級における算数の授業では，"わたり"と呼ばれる授業形態をとっている。1人の教師が2つの学年の学習を成立させていくために，1単位時間（45分）の学習過程の中で「直接指導」と「間接指導」のバランスを考慮しながら，両方の学年を交互に移動して指導を行う授業形態である。

　本校の複式学級では，わたりにおける間接指導の際に，AI ドリル Qubena を活用して

写真3　Qubenaに取り組む児童

いる。Qubena は，それぞれの進度及び理解度に即して問題が出題されるため，画一的な指導ではなく個の状況に応じた学習が可能となる。正答率やつまづいたポイント，回答時間などのデータも収集されるため，間接指導時の一人ひとりの学びも後で把握することができるようになった。AI ドリルのみで学習が成立することはないが，従来の複式学級における算数の授業が Qubena によって大きく変わった。

オールインワンで情報活用能力を育てる！
1人1台端末で総合的な学習の時間を
デジタルアップデート

岡山県備前市立香登小学校教諭
津下哲也

　総合的な学習の時間と端末はとても相性がいい。1人1台の端末が手元にあれば，わざわざパソコン室に行かなくても教室にいながら調べ学習ができる。調べたページをいくつか画面保存し，トリミングして発表資料に貼り付ける。発表資料は自由にレイアウトできるし，より分かりやすく作り変えることもできる。コンテンツが端末に入っているので，画面を見せながらグループ発表もできるし，大型提示装置に投影すれば全体の前で発表することもできる。これらの一連の活動が，適切な情報の収集，取捨選択といった，情報活用能力の育成につながる。

　本稿ではまず，福祉をテーマに実践した総合的な学習の時間での活用事例を取り上げ，単元のどの場面で，具体的にどのように端末が活用できるかを紹介する。その後に，情報活用能力育成の発展事例として，県外の学校との遠隔交流授業とプログラミング教育への活用事例を紹介する。

1　情報を「集めて」「まとめて」「つたえる」オールインワン活用

(1)　単元名

　だれもがよりよく関わり合えるように

(2)　学年・教科

　第4学年　総合的な学習の時間　福祉

(3)　単元のねらい

　福祉について自らが追究したい課題を設定し，身近な例を取り上げて資料などを活用して調べることで，福祉に関する理解を深めるとともに，資料を集める力やまとめる力，分かりやすく相手につたえる力を高める。

⑷ 単元の特色と概要

　国語科の教科書に掲載された点字についての教材文を学習し，身近にある福祉に関心を持たせる。身近な事例を調べていく中で，「目の不自由な人」「耳の不自由な人」などに対する支援の工夫について，自分が追究したいテーマを設定する。図書資料を活用したり，インターネットで調べたり，校内を探検したりして，課題を追究する。調べたことをプレゼンテーションソフトでまとめ，お互いに発表練習をした後，学習発表会で発表する。「課題設定」「情報収集」「資料作成」「表現」のそれぞれの場面で端末を活用する。

　情報機器の環境は以下のとおり。端末のメーカーは NEC，OS は Windows 8，統合ソフトウェア SKYMENU Class。個人 ID とパスワードでログインし，データはセンターサーバーに保存される。教室環境は，タワー PC とモニター，教材提示装置，投影用プロジェクタが常設されていて，教師や児童の端末の画面は，教室や各端末にボタン一つで投影できるようになっている。

資料1　単元計画と活用場面

⑸ 1人1台の端末活用場面と活用メリット

○課題を設定する場面

　まずは，図書資料を参考に，「目の不自由な人」「耳の不自由な人」「高齢者」「妊婦」など，大まかなテーマを決めた。そのテーマに関連することを，インターネットなどで調べていくと，新しい情報に出合う。例えば，目の不自由な人への工夫を調べていて点字ブロックを見つけた児童は，全てのブロックが黄色であることや，よく見るとブロックの形に違い

資料2　児童が設定した課題

があることに気付く。そこで「点字ブロックはなぜ黄色なのだろう？」「ブロックは形によって役割がちがうのか？」といった疑問が生まれてくる。そのようにしながら，自分が調べたいテーマについて，より具体的な課題を設定していった。

　1人に1台端末があるので，自分の興味に応じた課題を設定することができた。また，インターネット上に豊富な情報があるため，それらを参考に課題意識を広げることができた。

○課題を解決する場面

　課題を解決する場面では，端末の「インターネット機能」と「写真機能」が活躍した。

　総合的な学習の時間において，パソコン教室にあるデスクトップ PC を用いて，インターネットを活用した調べ学習をする場面はこれまでもあった。端末を使って調べ学習を行うことのメリットは，個々の課題に対応した調べ学習が，教室で手軽に行うことができる点である。さらに，例えば点字について調べた写真や資料などを簡単に画面保存しておくこ

とができ，そのままプレゼンテーション資料を作成する際の
コンテンツとして利用できるといったメリットもある。

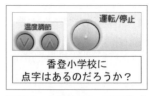

資料3　撮影写真で資料作成

　次に写真機能である。あるグループの児童は「香登小学校
に点字はあるのか？」というテーマを設定した。校内探検に
出かけると，トイレのウォシュレットのところに点字が付い
ていることを発見した。それを端末で撮影・保存し，それを
教室に持って帰ってきた。今度は，その点字の読み方が分か

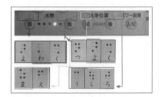

資料4　点字の紹介スライド

らない。そこで，インターネットを使って点字の読み方を調
べた。すると，水勢のところに「よわく」「つよく」と点字
で書かれていたことを発見した。このように，写真機能を使
うことで，フィールドワークや調査などの記録を撮影するこ
とができる。また，インターネット機能をかけあわせると，相乗効果によって学びをさら
に深めることにつながる。

○表現する場面

　表現する場面では，「発表資料をまとめる」「発表練習をする」「実際に発表する」場面
で端末が活躍する。

　まとめる場面では，これまでに調べたりまとめたりした内容が，全てデータとして一元
的に保存されている。あとは，トリミングしながら，プレゼンテーションソフトに貼り付
けていく。誤字脱字があってもすぐ修正でき，大きさやレイアウトも自由にできる。画用
紙や模造紙では大変な修正も，容易に可能となる。

　発表練習をする場面では，1人1台端末を持っているため，1人が自分の端末の画面を
見せながら説明し，残りの児童は発表を聞きながらアドバイ
スができる。本実践では3人組を作り，お互いに発表練習を
し，声の大きさや資料提示の仕方などをお互いコメントし合
うことで，発表する力を高めていった。

資料5　児童の表現力の向上

　発表練習が終わり，いよいよ発表本番となった。児童の端
末の画面をそのままスクリーンに投影して行った。投影ボタ
ンを押すだけで，自分の画面が映るので，とても便利である。

　このような一連の流れをシームレスに行うことができ，また，繰り返しや加工・修正に
も優れ，持ち運びも便利なので，児童の表現力を高めるのに大変有効であった。

⑹　1人1台端末を活用した「主体的・対話的で深い学び」の実現に向けて

　アクティブ・ラーニングという視点で，本実践について考察する。まずは，「主体的な
学び」である。上で述べた点字ブロックについての課題設定の事例や，トイレのウォシュ
レットにある点字探しの事例などに見られるように，自らのテーマについて生じてきた疑

問をさらに追究したり，目的に応じて自らの手で課題を追究したりすることができるため，児童の学びは自然と主体的になった。

資料6　主体的な課題追究

次に，「対話的な学び」である。児童によって，資料を検索したりまとめたりするのが得意な児童もいれば，苦手な児童もいる。発表原稿の作成についても同じである。そこで，発表はグループで行うことにし，能力が均等になるようにメンバー構成を考えた。盲導犬グループには3名の女子がいたが，「この資料よりも，こっちの資料のほうがいいね」「ここをトリミングしたら，もっと分かりやすくなるよ」などと，アドバイスをしながら資料の作成に取り組んでいた。原稿の作成に悩んでいた児童には，別の児童がアドバイスをしていた。このような対話的な学びが，資料作成の様々な場面で見られた。

最後に，「深い学び」である。学習発表会の本番前には，グループごとに発表を聞き合い，内容を検討し合った。点字について調べたグループが2グループあり，どちらのグループの児童もフランスと日本の点字を比較していた。2つのグループの資料を比べることで，「点字の表を目立つように大きくしたほうがよい」「説明を付け加えたほうがよい」などの視点が出されて，修正が加えられてどちらの資料も分かりやすいものとなった（**資料7**，左の2枚が1人の児童が作成，右が別の児童が作成したもの）。画用紙などに一旦書いてしまうと，このような修正は難しいが，端末であれば修正は容易である。単に発表して終わるのではなく，分かりやすい発表をするためにどのようしていけばよいかという深い学びを，端末を活用することで実現することができた。

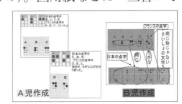
資料7　分かりやすく修正

(7)　実践の課題と成果

最初は資料を調べ始めたものの，必要な情報にたどり着くのに時間がかかる児童が多かった。1時間インターネットで検索しても，必要な情報に出合えない児童もいた。しかし，それらの一見無駄とも思われる活動を通して，情報を探すには，どんな情報が欲しいという視点をしっかり持って探すことが大切であることを学んだ。図書資料は必要な情報が系統的に整理されていて，インターネットよりも的確に情報が得られる場合が多いことも体験的に学ぶことができたと考える。

(8)　日常的な児童生徒によるICTの活用

児童は日常的に「ドリル教材」と「カメラ機能」，「インターネット検索機能」を利用している。ドリル教材は朝の活動，カメラ機能は理科の植物の観察（ヘチマや桜）や，社会科のごみ処理の学習など，教室内外の環境を授業の中に取り入れるために使っている。イ

ンターネットの検索機能については，国語科の説明文づくり
で，大豆についての調べ学習をするのに使ったり，社会科で，
岡山県の特色のある地域についての調べ学習で使ったりとい
うように活用している。日常的に活用することで，文字を入
力するスピードは速くなり，それに伴い得られる情報，整理
できる情報量も増える。また，端末をどの場面でどのように

資料8　様々な活用場面

使えば効果的かという活用の視点も育っていく。日常的に端末を活用した学びを実践する
ことは大切であると感じている。

2　端末を活用して情報活用能力を育てる実践例紹介

(1)　4年　総合　岡山県についてPRしよう

　3学期の社会科の学習では，自分たちの住む岡山県について，県南や県央，県北の地理
的環境，農業が盛んな地域や漁業が盛んな地域，地場産業が代表的な地域などを取り上げ
て学習する。それぞれの地域についてグループに分かれて学習した後，お互いに発表させ，
県の特色についての理解を深める。その発展的な場として，県外の学校との交流授業を行っ
た。

　本校に来校しているICT支援員は，全国的な支援員のネットワークのつながりをもっ
ていた。そこで，滋賀県の小学校に入っている支援員と岡山県の学校に入っている支援員
が連携し，遠隔授業を行うことになった。遠隔授業には，Zoomを活用した。

　日本三大庭園の一つである後楽園や，酪農が盛んな蒜山高原，古くから岡山に伝わる備
前焼などのテーマについて，インターネットを使って調べ学習を行った。それらを説明す
るための写真などを画面保存し，スライドを作成した。その際，著作権に注意することを
おさえておいた。1人1台の端末で，分担してスライドを作
成し，発表用のスライドとしてコンテンツを1台の端末に集
約した。

　当日は，遠隔交流用として2台の端末と，3つのスクリー
ンを使用し，実際にその場でスクリーンを見ながら発表して
いる様子を再現したり，相手校の児童の映像を発表者の目線
の先にあるスクリーンに投影したりと，なるべく臨場感が出
るよう配置を工夫した。

資料9　交流校へのプレゼン

　情報活用能力の育成という視点で本実践を考察すると，目
的に応じて必要な情報を取捨選択しながら集める力，整理す
る力，まとめる力，つたえる力等を伸ばすことができたと考

資料10　交流校の発表を視聴

える。調べた内容は画面保存などをすることでサーバーに保存され，それを活用してそのまま表現することができる。さらに，遠隔交流学習を取り入れることで，時間的・空間的制約を超えて，学びを広げ，深めることができるのが，端末を活用することの効果である。

(2)　4年　総合　自動運転は安全か

今年から必修化された小学校プログラミング教育は，情報活用能力の3観点のうち「情報の科学的な理解」の取組み例として取り上げられている。一方で「小学校プログラミング教育の手引」にもあるように，総合的な学習の時間においてプログラミング教育を実施するためには，総合のねらいである課題を設定したり解決したりする力を高めるものとして位置付けられる必要がある。そこで，4年生を対象に，「自動運転は安全か」というテーマについて，総合的な学習の時間の実践（全6時間）を行った。

導入として，社会科の「警察の仕事」の単元で学習した「交通安全」を取り上げた。そして，近年話題となっている自動運転と関連付け，「自動運転は安全か？」と児童に投げかけた。これについて，多くの児童が「安全ではない」と答えた。「車が暴走する可能性がある」「コンピュータがエラーを起こすかもしれない」といった理由が出された。

そこでまず，端末を用いて，自動運転の仕組みについて自分が興味を持ったテーマを調べさせた。自動ブレーキやセンサーの存在などを学習した後，ブロックを用いて自動車を組み立て，壁に向かって走らせた。教材はLEGO社のWeDo 2.0を用い，端末とBluetooth接続でつないだ。車には，「ある速度で前向きに走り，センサーが壁を感知したら止まる」というプログラムを組ませて車を走らせた。10回壁に向かっ

資料11　安全性を確かめる児童

て車を走らせ，誤作動するかどうかを実際に確かめた。車は壁の前できちんと止まり，壁にぶつかることはなかった。実験の結果を基に，自動運転が安全かどうかのテーマについてもう一度話し合いをさせた。実際に実験を行うことで，安全に車が止まることが確認できたので，最初に考えていたより安全性が確保されていると実感できた児童が多かった。一方で，「10回壁の前で向かって止まったとしても，11回目には誤作動をするかもしれない」という意見も出された。さらに，実用化に向け，安全性を高めるために何度もテストをして確かめていることなどの意見も出され，自動運転についての理解を深めることにつながった。

1人1台の端末を持っているので，自分が設定した課題をそのまま追究でき，また今回のように端末をそのまま使ってプログラミングができる。さらに，学習の成果を撮影記録したり，レポートにまとめたりといった学習に発展させることもできる。これらの一連の学習を，1台の端末を用いて行うことができるところが，1人1台環境のよさであると言える。

オンライン上に作戦基地をつくろう!!
学校ビオトープづくりを通して

学校法人佐藤栄学園さとえ学園小学校教諭
山中昭岳

1 "真に" 1人1台端末だからこそできたこと

(1) 活動案（単元名）

オンライン上に作戦基地をつくろう!!（ビオトーププロジェクト）

(2) 学年・教科

学年：第3学年〜第6学年

教科・領域等：総合的な学習の時間

(3) 本時のねらい

○ビオトープをよりよくするために，今までの活動で気付いた問題点などを出し合い，他学年のグループメンバーとオンライン上で話し合って課題を設定することができる。

○設定した課題に対しての，自分たちの気付きや得た情報，活動の記録などのオンライン上での情報交換を通して，自分たちで計画を立て，実行し，振り返ることができる。

(4) 本時の概要〜オンライン上で作戦会議

①本校の総合的な学習の時間について

本校は「体験型教育」を基本とし，体験ありきでスタートすること，さらに本教育を充実させるための施設・設備（水族館，プラネタリウム，キッズファーム，ビオトープ，iPad 等）を活用して実施する。以下の3つを大きな内容として取り扱う。

・水族館　・ビオトープ　・ICT（プログラミングを含む）

水族館，ICT については，それぞれの学年で系統立てて実践しているが，ビオトープに関しては3年から6年までの子どもたちがビオトープをよりよくするという目標の下，合同で実践している。

②本単元について

　生活科で実践している諸感覚を基にした原体験教育から現代社会の問題解決へとつなぐ体験型教育の場として学校ビオトープがある。学校内にある何もなかった土地を自由に使えるようにし，ゼロからのビオトープづくりを通して，正解が存在しない課題を設定し，その課題解決に向けた追究活動を通して問題解決力を身に付け，新しい"何か"を見いだす人材の素地を育てる。

□3〜6年合同総合（縦割りグループによる追究活動）
□何もなかった土地からのビオトープづくり
□さいたま市に根ざした多様な生態系を保持できる環境をつくる
□保護者・外部関係者との連携による実践
□全国ビオトープコンクール入賞をめざす

　本単元は，6年生が中心となり，以下の表に示す13の縦割りのグループごとに活動を進めている。

グループ名	主な活動内容
ビオトープ	いろいろなビオトープとくらべる 【活動のゴール例】理想のビオトープの設計図をつくる
生き物	様々な生き物の中から1つ選んで調査する 【活動のゴール例】その生き物博士になって，図鑑をつくる
人間	ビオトープと人間とのかかわりをつくる 【活動のゴール例】低学年の子たちが遊ぶ場をつくる
水草	池に必要なものを決める 【活動のゴール例】地域に合った水草を探し，池に植える
木	ビオトープに必要なものを決める 【活動のゴール例】他のグループの意見をきいて木を決め，植える
草花	ビオトープに必要なものを決める 【活動のゴール例】来てほしい生き物を設定し，必要な草花を植える
池	池づくりをどうするか決める 【活動のゴール例】池づくりの計画，実行をする
土	土づくりをする 【活動のゴール例】落ち葉等を活用して堆肥をつくる
水	水の管理，水質調査などをする 【活動のゴール例】生き物にとってよい水環境をつくる
生態系ピラミッド	他の地域の生態系ピラミッドとくらべる 【活動のゴール例】さとえオリジナル生態系ピラミッドを完成する
生き物コーナー	ビオトープでの発見を紹介するコーナーをつくる 【活動のゴール例】電子黒板等を用いて常時紹介するコーナにする
広報	ビオトープの状況をみんなに広める 【活動のゴール例】校内だけでなく外部の人にも伝える
環境づくり	すみか，巣箱，水田，などを調整する 【活動のゴール例】全グループの調整係としてまとめる

表　縦割りグループと活動内容

③学びが広がる１人１台端末環境の日常化

　１人１台端末を１年生から６年生まで一気に導入して2020年度で３年になる。学力向上（受験学力・情報活用能力の両輪）を目的に，ICT活用が当たり前，鉛筆やノートと同様の文房具として子どもたちが活用できることをめざしている。

　当初より，端末は持ち帰りはもちろんのこと，家で必ず充電をして毎日持ってくること（学校での充電は不可），そして授業でも常時持っていることを基本としている。また，学校と家庭をつなぐツールとして，連絡帳ではなく端末を通してやり取りを行い，連絡，手紙，一部の宿題をペーパーレスにしている。子どもたちは，家に帰って連絡帳を見せるのではなく，自分が持っている端末の中にある情報を見せながらお家の方とお話しする，すなわち会話を媒介する情報が端末にあるため，子どもたちも学校の状況をより詳しく保護者に伝えることができるようになっている。

　１年生からクラウド（Googleドライブ）にアクセスすることができ，自分でつくった作品の提出，さらにその作品に一人ひとりがアクセスし閲覧してコメントをやり取りすることができている。

　このように常時活用していたため，コロナ禍での休校期間中は，１日６時間のリモート授業を可能とした。

④オンライン上での作戦基地とは

　本単元は，３年から６年までの合同総合である。ただ，時間割として縦割りでそろえているわけではなく，ばらばらな時間帯でそれぞれが学習活動を行っている。６年生が中心となって進めており，Googleのドキュメントで企画書を作成したり，ドライブに活動の様子の動画等をアップしたりしながら，情報を共有してきた。さらに今回Trello（タスク管理ツール）をより活用して，作戦基地としての場を設定した。タスク管理ツールということもあって自分たちがやったことややるべきことなど整理しやすく，それに対してのコメントのやり取りが容易にできる仕組みとなっており，オンラインということで子どもたちはいつでも，どこからでもアクセスして情報の共有，話し合い，判断，決定等を行っている。

図１　オンライン上での作戦会議の様子（Trello）

⑤自分に合った活動を選ぶ

　ビオトープをよりよくするという大きな目標の下，一人ひとりが13のグループのどれかに所属し，Trello上の作戦基地（以下，"作戦基地"）でのやり取りの中で個人の目標を設定している。そのため，全員が同じ活動をするのではなく，個々に活動場所も活動内容も違ってくる。例えば，生き物グループのある子は，ビオトープに出かけ，現在生息して

いるカエルを撮影し，その種類を調べ"作戦基地"上に掲載したり，また土グループは，メンバーで協力して堆肥づくりの場をつくり，落ち葉を集めて実験を行っているが，そのことを"作戦基地"に記入し，他学年の子どもたちにも協力を求めていたり，水草グループは，教室でインターネットを活用して学校のある地域にとってふさわしい水草を調べ，その種類を"作戦基地"に掲載し，どれがいいかグループメンバーに相談をしている。

(5)　本時の1人1台端末活用シーン

①リアルタイム中継

　教室でポスターづくりやプレゼンづくりなどの活動をしていると，実際のビオトープの様子を知りたいことが多くある。そこで，Zoomを活用して，1人のメンバーを派遣して教室とビオトープとをつなぎ，テレビの中継のようにしてタイムラグをなくしている。

②活動記録

　ビオトープでの実際の作業，ポスターやプレゼンなどの制作活動の様子を写真や動画で撮影して"作戦基地"に掲載し，他の学年のグループメンバーに状況を伝え，次にやるべきことを判断する材料となっている。

③"作戦基地"でのコメントのやり取り

　他の学年の活動の様子を見て，その活動に対して感謝やアドバイス，続けて取り組んでいくことの書き込み，さらに6年生はやり取りを見ながら

写真　土グループの堆肥づくりの様子

次の課題を設定して他の学年のメンバーに指示したり，他のグループの様子を見ながら自分たちの活動とリンクしそうなところを見つけて協力をお願いしに行ったりしている。

④調査活動

　教室での調べ学習においてインターネットを用いた調査はもちろんのこと，ビオトープに出かけている子どもたちにおいても，見つけた生き物の種類が詳しく分からない（「カエル」とは言わず必ず「ニホンアマガエル」というように種類を特定することにしている）場合，端末がセルラータイプのため，すぐにネットで調べて"作戦基地"に記録している。

⑤プレゼンづくり

　"作戦基地"には，様々な情報が溢れている。他のグループとつながるところを見つけ，その交渉のためや，生き物コーナーで生き物を詳しく紹介したい場合など，子どもたちは"作戦基地"に溢れている情報を厳選して相手に分かりやすく伝えるように工夫している。

(6)　1人1台端末活用のメリット

　1人1台の端末があること，それは，いつでもどこでも誰とでも学びが生まれるという

ことである。ただし，以下の条件が必要である。

・常時活用していること
・持ち運びができること
・インターネットにつながっていること

　これらができてこそ"真に" 1 人 1 台端末活用となる。

　本実践のように一人ひとりが目標を持ってバラバラの学習活動が行えるのも上記の条件を満たしているからである。

(7)　本時の課題

　本時のように，一人ひとりが自分で目標を設定し，活動場所や活動内容が多様な中，一人ひとりの見取りは難しく，やはり評価が課題である。

　本校の総合的な学習の時間の研究では，「主体性を育むための iPad を活用した目標設定と振り返り」と設定し，

・目標設定（「めあて」「ルーブリック」）
・振り返りのシステムづくり：ポートフォリオ，自動化

を活用して PDCA サイクルを回すことを試みている。

　そのために，

・自らの学びを俯瞰して可視化できるアプリを活用すること
・その根拠となる事実ベースのもの（ワークシートや活動を表す写真等）は Evernote に記録していくこと
・数値的評価はフォームで作成すること

といった，3 つの仕組みにより検証することに挑戦している。

　そして，これらが可能となっているのは 1 人 1 台端末があるからこそである。

　今後，AI やビッグデータなどの最先端のテクノロジーを教育に活用していくことが，この問題を解決できる新たな一歩となると信じている。

2　本時を支える子どもたちのスキルとモラルを鍛える取組

(1)　導入時の対策について

　OECD の調査によれば，日本の生徒の ICT 活用率は世界の中で第 1 位と最下位がある。第 1 位は「ゲームやチャット」であり，最下位は「学習」である。つまり，日本の子どもたちにとって ICT は「遊び道具」なのである。これは，教師，保護者も同様な認識である。

　そのため，いきなり端末を渡して，子どもたちはすぐによい使い方をするかというとそうはならない。そこで，本校では端末に関わるスキルとモラルが向上すればするほど，活

用の自由度が上がる「レベルアップ型ルール」を作成した。子どもたちが自ら端末を管理できるようになること，自分をコントロールできるようになることが目的である。

　学校及び家庭において端末を使用できる自由度が異なるレベル（壁紙を「緑→青→ゴールド」＝免許制度と同様に）を設定し，スキルやモラルの条件をクリアするとICTの活用の自由度が上がる仕掛けである。保護者にも提示し，家庭での使用においても子ども自身も含め，共通理解の上で進めている。

図2　活用の自由度が決まるレベルアップ型ルール

(2) 先を見通した授業デザイン

図3　SAMRモデル

　1人1台端末を導入することがゴールではない。ただ，今までの教育の延長で効果的に活用するだけでもない。教育にもDXを起こさなければならない。

　図3は，ICTの授業や学習者への影響度を測る尺度としてRuben R. Puentedura（2010）が示したSAMRモデルに筆者が加筆したものである。ICTを活用した教育がめざすところは，このモデルでいうRedefinition（再定義）であり，ICTが学校・教師から子どもたち自らがコントロールするものへ，そして空間や時間にとらわれず学ぶことができ，それにより課題の質がより個性化されていくことである。

　現段階の日本の教育でのICT活用はSubstitution（代替）がほとんどである。まず学校が子どもたち一人ひとりの端末を管理していることが大きな弊害となっている。いいも悪いも含めて子どもたちが使いこなしていき，そして自らをコントロールしていく学びを奪っている。今の日本の現状で，いきなり何もせずに1人1台端末を自己管理で渡しても混乱しか起こらないので，先に挙げたレベルアップ型ルールのような段階を経て実践していくことをおすすめする。

［参考文献］

- 国立教育政策研究所：経済協力開発機構（OECD）による国際的な学習到達度に関する調査「生徒の学習到達度調査（PISA）」の2018年の調査結果（2019年12月発表）
- 「特集：新型コロナから子供と新課程を守る処方箋」ぎょうせい編『新教育ライブラリ Premier』Vol.2，2020年
- Ruben R. Puentedura「ICTの授業や学習者への影響度を測る尺度」2010年

1人1台の形態が協働的な学びの連続性を生み，単元を見通す力・見返して取り入れる力を育む

関西大学初等部教諭
石井芳生

1　1人1台端末を活用した授業実践

(1)　活動名

「日本文化を伝えよう」〜パンフレットにして伝えよう〜

(2)　学年・教科

第6学年　国語科

(3)　本単元のねらい

日本文化のどのようなことを感じ取ってほしいのかを吟味しながら，パンフレットを作成・修正・評価することができる。

2　活動記録〜単元計画から評価まで

(1)　1人1台形態の授業設計

本実践は，伝えたい文化ごとに集まった3〜4名が，パンフレットを分担して制作する過程で互いの進捗状況や内容を閲覧したり，メッセージ機能でやり取りをしたりするなど，修正・評価までを協働的に行う取組である。使用する主なアプリは，学校統一アプリのロイロノートである。

単元設計時に大切にしたことは「教科横断×情報活用×協働×評価」の構想である。国語科の学習ではあ

資料1　共同制作したパンフレット

るけれど，言葉による見方・考え方だけでなく，社会科や総合的な学習の時間，体育科な

どの教科との関連を意識させながら進めたいと考えた。つまり，パンフレットを作ることが目的ではなく，「日本文化の○○を伝える」の○○の部分に，それまで培ってきた思いをも載せることにねらいがある。読み手に何を感じ取ってもらいたいのか，1人1台の端末で協働して作り上げた紙のパンフレットをどうするのかを，話し合いによって共有イメージを持つことを単元の導入とした。端末を BYOD（Bring Your Own Device）活用することで，所持していなかったときと比べて，どのような学びがよりよくできるのか，逆に端末を取り入れることで，どのような学びが阻害されるのかを吟味しながら，次のように単元の流れを組み立てた。

① パンフレットとはどのようなものかを共有する（サンプルを見て話し合う）。
　 パンフレットづくりの目的と評価基準を共有する。
② パンフレットにして伝えたい日本文化を決める（希望する者同士でグループ編成）。
③ パンフレットの内容と役割，レイアウトや体裁などを決め，情報収集及び整理をする。
　 前単元で学んだ著作権，引用，出典（奥付の参照）を確認する。
④ 個人作業とグループ内での情報共有。修正・校正をする。
⑤ 個々が制作したページを合わせて1つのパンフレットにする編集。話し合い，最終校正をする。
⑥ 相互評価，振り返りをする。

⑵　他教科での学びを生かす意識

教科書（光村図書）では「和食を食べて健康に」という事例が紹介されているが，「伝えたい日本文化」を思い付きで決めるのではなく，これまでの学習を想起させることで文化に対する視野が広がることを期待した。例えば，社会科の学習では，現代まで伝承されている室町文化の能や茶華道の師範に実演していただいたこともあり，それらが持つ独特の空気感が強く印象に残っているので，これを使わない手はない。私の

資料2　内容を検討する子どもたち

助言により学習の足跡を端末で確認し始めた。また，総合的な学習の時間では沖縄（琉球王国）特有の風習や思いに触れたことがきっかけとなり，体育でエイサー踊りを演じていく中で，無形文化を継承する大切さを感じることができたようだ。

剣道を習っている子が「武道」をテーマに選び，家族で温泉によく行く子が「温泉」を選んだことも，それぞれの経験からそれらが持つよさを伝えたいという思いの表れだろう。このように，他教科や生活とのつながりを意識して取り組むことが，パンフレットに刻まれる言葉となって表れたり，学習意欲の向上につながったりした。そして，評価基準についても子どもたちの話し合いにより，次のように明言化して共有した。

＜子どもたちが話し合って共有したパンフレットの評価基準＞
S：（Aに加えて）他の人にも特に紹介したくなるような表現・内容である。
A：伝えたいことがよく分かる表現・内容である。

⑶ 情報活用能力×協働

今回は全員が端末で制作した。グループで決めたレイアウト図（テーマ，各ページの配置・担当，写真など）を，提出箱に提出することで，いつでも，どこでも，誰でも閲覧することができる。また，時系列で自分の端末内に担当ページのファイルを保存しておくことも習慣化しているので，過日のファイルをいつでも見返すことができるし，そこからの情報を使用することもできる。

資料3　制作過程の共有一覧画面

この活動はSchoolwork（Apple社の共同編集アプリ）を使えば，複数人で同時に編集することができるが，以前，社会科のポスターを制作したとき，友達の編集作業がリアルタイムに見えるために，かえって自分の作業に集中できないという経験をした。今回はその教訓として，テーマと役割が共有できたら，各自が担当ページの作成に集中する学習形態にした。また，欠席者がいるグループ，授業中に掲載内容が決定できなかったグループは，休み時間や家庭でもやり取りができるように，児童間通信（メッセージ機能）を21時まで開放した。これによって，全グループの全メンバーがテーマや役割を把握して，本やインターネットで情報収集活動に入ることができた。よいサイトや画像を見つけたときはAirDrop機能でURLやファイルを送り合いながら進めた。個人のページが完成し，提出箱に上書き提出すると，同じグループの子だけでなく，全員のページや各グループのパンフレット全体画面も閲覧できるので，自分のグループの内容や見栄えをチェックしたり，他グループの作品と比較したりする姿が頻繁に見られた。

最後は端末を持ち寄り，膝を交えての校正作業である。厚手上質紙にカラー印刷したパンフレットを渡すと，どの子も達成感に満ちた表情を見せた。失敗しないように三つ折りにする姿からも作品にかけてきた思いがうかがえた。完成したパンフレットが図書室に展示されると，5年生が「これ，見たかった」と早速手に取って読んでいた。

資料4　作品を手に取る他学年児童

⑷ 評　価

冒頭で述べたように，この学習はパンフレットを制作することがゴールではない。自分

たちのパンフレットの目的（伝えたいテーマ）とそれ
を達成するための目標を常に確認しながら，相互評価
をするまでが活動である。評価項目やコメント欄が設
けられたNumbers（表計算アプリ）ファイルに，ス
プレッドシートで観点ごとに得点化したり，コメント
を書いたりして，互いの評価が可視化された。児童は
自分たちのパンフレットに対する評価やコメントに興
味津々。最後にベストパンフレット大賞も端末から無
記名投票され，選ばれたグループは皆から賞賛された。

資料5　作品を相互評価する活動

　先述した剣道を習っている子は，保護者から「小さいころから習っている剣道の作法を
改めて要点整理できているのがとてもよい」，家族で温泉によく行くという子は「文章か
ら温泉の心地よさが伝わってきたし，本物のパンフレットのような出来栄えだ」という感
想をもらったと笑顔で報告してくれた。

○1人1台だからできること

　今回，端末で作成したよさは，見たいときに他者の
進捗状況や内容が閲覧できたこと，ファイルを時系列
で保存しておくことで，内容や体裁がよりよく整えら
れたことが挙げられる。一方，端末の画面上で作成し
たことで子どもたちが困っていたことは，印刷してみ
ると，文字や写真のサイズ，レイアウトがイメージと
異なっていたことだ。これは端末活用の経験を重ねて
いくことで養われていく力かもしれないが，パンフ

資料6　共有された評価シート

レットを手にしたときの読み手の感覚をより確かにつかむためには，途中で一度印刷し，
実サイズで見てみることが大切だと感じた。

　BYODにより場所や時間にとらわれず活動できる反面，メッセージの送信や既読，返
信にタイムラグができたり，文字だけのやり取りで意思疎通がうまくできなかったりする
こともあった。また，いつでもできるから授業中に急いでやらなくてもよい，締め切りに
間に合えば，友達と進捗率を合わせなくても納得いく
まで取り組めると解釈する子もいるので，その点を，
適切に見極め指導する力が常に求められていると感じ
ている。

　本実践を通して，「1人1台の形態は協働的な学び
の連続性を生み，単元を見通して取り組む力・これま
での学びの履歴を見返して取り入れる力を育む」とい
う確信度がまた一つ増した。

資料7　相互評価で優秀賞が決定

3 コロナ禍で学びを止めない1人1台端末活用

○1人2台の遠隔授業

　長引くコロナ禍で休校を余儀なくされ、担任発表もオンラインとなった。そして、学びを止めないために1人2台の端末を用いて、Zoomを活用した双方向遠隔授業を全学年で始めることにした。2020年4月、各家庭の通信環境調査（機器、Wi-Fi環境）と並行して、教員も自宅からの遠隔授業に備えて研修を重ねた。授業の流れや発問、課題提示の仕方、マイクオン・オフや挙手・発言、グループ討議のお作法、個々の理解や形成的評価の術など、限りなく教室での授業に近い遠隔授業をめざして綿密に準備を進めた。

　4月13日、まだ入学式もしていない1年生を含む全クラスで遠隔授業が始まった。「みなさん、初めまして。○○先生です」。初対面の先生もいる。私は持ち上がり担任であるが、マスクを外した子どもたちの顔を見ると健康状態や互いの心情がつかみやすく、画面越しでも意外とコミュニケーションがとれることを実感した。

　1人2台授業の基本は、1台はZoomを活用した「通信機」として板書などの提示と互いの映像・音声のやり取りに使用。もう1台はデジタルノートや検索ツールとしての用途の「作業機」として使用した。授業の要所で予想や思いを一斉投稿させ、それを全員で共有することで、教員も児童相互も誰がどのような考えを持っているのかが理解でき、その後のグループ・全体での話し合いへ滑らかにつながる。

　そして、振り返りや課題・宿題を提出させ、その日のうちに添削・評価を記入するので、フィードバック効果が高く、次時へのモチベーションも高くなった。よいまとめ方や考え方を広げたいときは提出されたものを公開共有したり、参考になる児童のノートを選択して全員に送信したりして、本来なら4月当初、学校で必ず行うような学習規律的指導にも力を入れた。子どもの傍らには保護者がいることが殆どなので、こういった指導は保護者もサポーターとなり、かえって浸透しやすかったのかもしれない。この原稿を執筆しているのは2020年の年末であるが、4月以来、家庭学習の提出は一貫してオンラインである。

　コロナ禍の校内規定として、37℃を超える発熱があった場合は、解熱後3日間は登校できないことになっていたので、解熱した子たちは学校に行きたい、授業を受けたいという強い希望を持っていた。そこで、当該の子どもたちには、家庭からZoomで参加するハイブリッド授業も何度も幾度も行った。

　音楽では教員のピアノ伴奏配信に合わせて自宅で歌い、体育では教員の模範演技を見ながら体を動かし汗をかいていた。家庭科や図工の教員は作業手元を配信し、それを見ながら制作した作品を写真に撮ってアップロードさせて、デジタル鑑賞会を開催していた。このように、

資料8　自宅で授業に参加する児童

実技教科も工夫次第で豊かな情操や体力増進につなげられることを実感した。

○委員会活動

コロナ禍で縦割り活動やクラブ活動が一度も開催されずに11月を迎えた。そんな中、5，6年児童による委員会活動だけは校内オフライン活動が許された。しかし、それは、月1回の頻度であったため、常時活動について話し合いたい5，6年生から運営委員会（児童会）担当である私に、「(5，6年生の)運営委員だけの通信システムを作ってください」という申し入れがあった。文化祭のテーマ決め、それが決まったらポスターづくりなどの作業を進めたいと。確かに、ずれ込んだ運動会の練習や学年行事などで、休み時間に全員が集まることが厳しい状態であったので、通信できる「通信部屋」を作った。学年も組も異なる12名全員がテーマ案を提出し、それを基に、メッセージでの協議が活発に行われた。私はテーマが決まっていく経緯を観察しながら、必要に応じて6年生に口頭でアドバイスを送ったり、ポスター掲示前や全校テレビ放送の前に全員招集をかけたりするなど、段取りを確認させるのみだった。不便さが子どもたちの自主性や工夫、協働する力を生んだと感じた。

○電子図書館の利用

2019年度末からのコロナ禍の影響で図書予算の多くを電子図書に回した。これによって電子図書数が開設時の約2倍にあたる642冊となった。長い休校期間中も自宅に居ながら新刊やお気に入りの本を読むことができた。

休校が明けても、高学年は休み時間も図書館に行く時間がなかなか取れないことも多いので、端末から電子図書館にアクセスし、隙間読書を楽しむことができる。もちろん自宅でも読めるし、重たい本を持ち運んだり、傷

資料9　電子図書館のアクセス画面

めたり、期日が来ると自動返却なので返却を忘れることもない。人気の新刊や学習単元に合った図書がトップ画面に見やすく並んでおり、予約もできるので爆発的に利用が進んだ。

○保護者の惑いへの対応

「夜中にYouTubeを見ているようです」「オンラインゲームをやっているようです」「宿題の提出確認をするためにタブレットを触っていたと言うのです」という保護者からの声が、時々耳に入ってくる。BYODはこういうことが起きる。だからと言って「学校のみで使用」「家庭での使用は何分間まで」という制限は設けない。ただ、BYOD化前に親子説明会を開催して使用上のルールや学校のポリシーを共有しておくことは必要である。それでも、モラル上問題があると判断したときは、それを指導の機会として成長を促すしかない。禁止して抑え込むのではなく、ルールを守り、様々な誘惑に打ち勝つ強い意思を育むことにしている。

BYODになって、どのようなことを学習しているのか、我が子の理解度や学びの足跡が見えにくくなったと感じている保護者もいるので、端末からiTunes Uなどクラウドに成果物や作品を置くなど、学びの可視化、発信の工夫が期待されていると感じている。

1人1台端末所有のメリットを生かした活動

教育活動にチャットを取り入れながら

学校法人佐賀龍谷学園龍谷中学校教諭
中村純一

1　グループチャット機能を有効活用し，英語でディスカッションしよう

⑴　本授業と本校の環境

　この単元では，接続詞 when, if, because, that が登場する。接続詞は話をより詳しく説明するのにとても便利な品詞であり，それを使うことが必然となるシチュエーションの中で使用できるような活動に取り組みたいと考えた。これまでの指導であれば，接続詞が出てくる英文法の問題集を解いたり，簡単なペアワークに取り組んだりした後，教師からのフィードバックを返すという場面がよく見られる。こうした活動を iPad をはじめとしたデジタル機器を使用することにより，よりよい活動にできると考えたのである。

　本校は中学1，2年生全員に学校から LTE 版 iPad 第7世代が無償貸与されており，自宅への持ち帰りができるなど，いわゆる One to one の環境が整っている。校内には無線LAN も整備され，自由に使用することができる。特に休校期間中に生徒たちが iPad でMicrosoft Teams を使用して，リモート授業をはじめ，連絡を受けたり，チャットで連絡をしたりする経験があるため，私はこれを積極的に授業や学校行事などに活用している。この英語でディスカッションをすることをゴールとした単元の学習においても，SNS のような投稿（以下，グループチャット）を有効に活用した。ディスカッションの際に使用したい英単語や表現，または練習で言いたかった表現を生徒がお互いにグループチャットに書き込むことにより，生徒同士が支援し合うことにつながったり，教師が生徒たちのエラーを見つけることにもつながるからである。こうしたチャット機能は1人1台端末を利用するからこそ，深まりがあり，スピード感が出てくると考えている。

　今回の休校期間においては，オンライン学習に取り

写真1　チャットに投稿する生徒

組んでいる最中に質問をしたり，端末のトラブルを報告したりするためには，チャット機能は不可欠なものであり，この有効性を教師自身が理解するよい機会になったのではないかと考えている。もちろん，情報モラル教育やネット安全教育の視点は要所ごとに伝えながら，グループチャット機能を使用している。

　また，この単元を進めるにあたり，ブルームのタキソノミーテーブルを作成した。本校では教育コンサルタントの田中康平氏を迎えて，ブルームのタキソノミーを取り入れた単元計画および授業展開の研究に取り組んでいる。この単元を終えたときに，どのようなことができるようになるのかを教師である自分自身が理解すると同時に，生徒の動きが明確になり，生徒にもはっきりと伝え，ゴールを明確化することとした。

⑵　単元計画～英語によるディスカッション

　資料1の左上のセルは事実的知識という単独な知識学習であり，知って覚えていくという活動である。一方，右下になるとメタ認知的知識を用いて，創造するという学習であり，これまで学んだことをこうやって使えば，こんなことができるという創造していく学習である。

　この単元計画に基づき，今回紹介する部分として，本単元の

資料1　単元計画を表したタキソノミーテーブル

ゴールとも言うべき，英語によるディスカッションを行った授業について紹介する。本時の英語によるディスカッションを行うことをゴールに設定し，そのための学習を積み上げていくように本単元の授業を設計した。工夫したこととしては，英語でディスカッションをするのだけれど，うまくいかないことを知ることから始め，英語をもっと学びたいという動機へつなげていることや，接続詞 if はプログラミングを行う上でも使用する言葉であると同時に便利なものだと理解し，ALT の先生との授業においてアンプラグド・プログラミング学習をしたことである。さらに1人1台環境を生かして，グループチャットを集合知として使うことや，手元の Numbers という表計算アプリケーションで自己評価を手軽に行い，その情報を共有することである。それをどのタイミングで実施していくのかは事前にタキソノミーテーブルにまとめておくからこそ，計画的

写真2　英語でディスカッション

に授業設計ができるのである。

⑶ 本時～グループチャットを活用

　授業は，東京書籍『NEW HORIZON English Course 2』の Unit 5 を終えた後の活動である。英語によるディスカッションを行うことを伝えたとき，生徒たちの反応は意欲的で，英語で話すということへの抵抗はほとんど感じられなかった。この「英語を話してみたい」という意欲を下支えしているものが，月に1回行っているオンライン英会話学習である。詳細は後ほど紹介するが，このレッスンのおかげで英語を話すということへの抵抗がずいぶん軽減されていると感じている。1人1台あるからこそできる取組でもある。

　授業では2回ディスカッションを行った。本校中学2年生は生徒数11名のため，3人ないし4人のグループを3つ作り，メンバーを替えながら取り組んだ。テーマは「クラスで購入する文房具を次の中から3つ決める」である。その文房具とは，「カラーマーカー12色セット，セロハンテープ，輪ゴム，のり，定規，修正テープ，鉛筆削り，クレヨン，コンパス，ホッチキス，分度器，パンチ，はさみ」である。まず，Teams

資料2　グループチャット画面

のグループチャットにテーマを貼り，短時間で不安な単語を選び，英語に直したものを投稿してもらった。練習段階でのディスカッションでは，テーマを「修学旅行の行き先を次の候補から1つ選びなさい」というもので，その候補が沖縄，大阪，京都，東京，北海道というよく知る場所なので準備時間は不要だと思ったが，それぞれの都市についてもっと知りたいという希望があり，準備時間を設けることにした。これにより，ディスカッション中はその投稿された情報を見ながら話す生徒もいるなど，生徒たちがお互いを助け合うことにもつながり，教師が準備しすぎた参考資料を使うよりも，よりよい活動になるのである。なお，こうした活動ができるの

写真3　英語でディスカッション

も1人1台の端末が貸与されているからであるが，本校では端末の貸与と同時に家庭に端末用のキーボードの購入をお願いしている。スクリーンキーボードも入力可能ではあるが，やはり入力方法に戸惑いを感じることなくこうした文章を入力していくためには，キーボードはマストアイテムであると考えている。プログラミング学習のことを考えても，コードもキーボード入力をする必要があり，手で書く時間と端末で入力する時間を使い分けていく必要がある。

　さらに生徒たちは，このディスカッションが単なるおしゃべりではなく，会話の中に取

り入れるべき表現をタスクとして課せられている。ディスカッションの中で最低1回使うことを求められているが，それを管理するのが，iWork アプリケーション Numbers である。表計算アプリケーションではあるが，セルの書式をチェックボックスなど自由に変更できるため，様々な用途に使用できるものである。これを使ってディスカッション中に自分で使った表現をチェックしてもらった。ゲーミフィ

2回目：テーマ：文房具を3つ選ぶ。					
使いたい表現					
Oh	✓	✓	✓	✓	✓
Wow	✓	✓	✓	✓	✓
すごい！にあてはまる言葉	✓	✓	□	✓	✓
ほんとに！？にあてはまる言葉	✓	✓	□	□	✓
なるほど。に当てはまる言葉	✓	✓	✓	✓	✓
はい。に当てはまる言葉	✓	✓	✓	✓	✓
I agree. または I don't agree.	✓	✓	✓	✓	✓
I think that・・・	✓	✓	✓	✓	✓
When I〜, ・・・・・.	✓	□	✓	□	✓
If〜, ・・・・.	✓	✓	✓	□	✓
・・・・ because 〜.	✓	✓	✓	✓	✓
	10	9	11	6	11

資料3　共有するNumbersの画面

ケーションの発想を取り入れ，他のグループでも頑張っている様子が分かることで，クラスメイトと同じようにもっと積極的に表現を使ってみたくなる動機を引き出すことにつながると思う。

⑷　生徒の感想

「ディスカッションを通して，問題集を解くことや，ただ座って授業を受けることからでは学べないことが学べたと思います。例えば，私の場合，When I 〜や，If 〜は，ただ読んだり書いたりだけだと，あまり普段使わないんじゃないか？　どう使うのだろう？と少し難しく感じていました。しかし，ディスカッションをして，こんなときも使えるんだ！（友達がその表現を使っているのを聞いて）こんな使い方もあるんだ！　などと新たな発見がありました。お互いにとてもいい勉強になりました。」（生徒A；抜粋）

「単語の覚えられている時間が長くなり，知識の定着が普段の授業と比べて高くなりました。また，相づちなどは，英会話でなくとも実際の日常会話でも十分使っていくものなのでその練習にもなりました。言いたいことを言うのに，自分が今持っている情報だけを頼りに，挑戦しながら行っていくことは，今の私を見ていて学習意欲が高くなっている気がします。私はまた授業でこれからもこの英語での討論をしていきたいです。」（生徒B；抜粋）

写真4　共有した情報を参照する生徒

⑸　本時を振り返って

1人1台の端末があることで，自分で知りたいことを自分のために役立てることは簡単にできる。しかし，グループチャットをすることにより，使ってみて役に立つ表現や分かったことをシェアして人に伝えるという「発信者」になり，人の役に立つ経験は，社会問題の解決などへの参画意欲にもつながると同時に，社会的価値を上げることにもなる。本校ではこうした意識が英語だけではなく，他の教科でも生かされ，教科横断的な学びが自然に展開されようとしているところである。

事例編／授業づくり　学校法人佐賀龍谷学園龍谷中学校

2　1人1台を生かしたその他の実践

(1)　オンライン英会話学習とアセスメント

　月に1回30分間，英語の時間を利用して，ある企業のオンライン英会話学習を行っている。イングリッシュネイティブの先生のライブ画像と決められた課題や英文が画面に表示され，それを一緒にレッスンしていくというものである。これは自分自身の授業実践とは言えないが，1人1台端末だからこそできる学習スタイルであり，この学習のおかげで自然な英語表現が授業中に出てくるようになってきている。このことは公立時代には感じなかったアドバンテージであると思っている。

写真5　オンライン英会話中の生徒

　今年は2週間しかなかった夏期休業であったが，その間にこのオンライン英会話学習を各自で任意の時間に予約をして，レッスンを受けるという課題を出した。そして，そのレッスン後には英語によるその日の簡単な日記とともにレッスン修了の報告をすることにした。これについても，Teams のメッセージ機能を用いて，各自が私宛にメッセージを送ってくることに

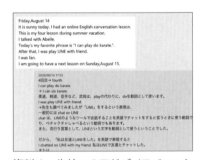

資料4　生徒へのアドバイスチャット

なっており，私はなるべくその日のうちにその英文に対するアセスメントを返すようにした。生徒の多くは指摘を受けてからすぐに書き直しのメールを送ってくれた。私はアジア諸国の先生方と月に1回行われる Twitter 上での意見交換イベント AppleEDUchat に毎回参加している。私はそこで，細やかなアセスメントを生徒に与えることができることは，こうしたテクノロジーの恩恵の一つであり，積極的に行うべきだということを学んだ。実際に生徒とこうしたやり取りを交わすことを通して，アセスメントを行う際も，発信の時刻に気を付けるなどモラル面の配慮は必要である。

(2)　自分の将来についてのスピーチを Podcast 番組に！

　英語の授業では，よく将来の夢について英語で語る場面がある。これまではプレゼンテーションの形式をとることが多かったが，私の授業では，自分の夢を英語で語る Podcast 番組の制作を通して，リスナーにより分かりやすくなるように伝えようという取組を行った。プレゼンテーションの形式の発表も大切であるが，Podcast 番組を制作するという形

式をとったことにより，聞いている人，すなわちリスナーがいるという意識が出てくることと，より伝わるように表現力を高めなければならない状況になることが発生する。さらに，GarageBand の Apple Loops を使用し，番組を盛り上げてくれるタイトル音楽や BGM を制作することで，よりオリジナリティを加えることができると考えた。録音については，さきほど

写真6　マイスタジオで音声収録

の GarageBand という音楽制作アプリケーションを使用するので，何度も繰り返し繰り返し練習することができる。失敗してもいいという安心感を感じながら，とことん自分の世界に入って作業や練習に没頭するためには，1人1台の端末があることはとても大切なことである。そして，この活動の際に，ほんのちょっとの遊び心として，マイスタジオを作ってもらった。要するに画像のように段ボール箱の中に端末を入れて，その中で没頭して制作にあたってもらった。これは飛沫対策ではなく，純粋に自分の世界に入って黙々と作業してほしいという思いで使用してもらった。教室で各自が声を収録するとなると，声の大きな生徒や小さな生徒によって差が生まれたり，クラスメイトの声が混じってしまったりするのを避けるという意味もある。動画を制作する活動もとても効果的であるが，あえて映像をカットし，音声のみで表現をするという活動も取り組んでみると，英語らしいイントネーションを意識することにつながるということが分かった。その一方でお互いの作品を聞き合った上で評価をする時間を確保できなかったことが反省点である。校内のネットワークを使い，クラスだけで共有することも考えたが，活動のはじめにそれを伝えていなかったということもあり，次の機会にチャレンジすることにした。もし取組を実践される場合は，可能な範囲で個人情報の扱いにも気をつけながら，番組をシェアしていくことをおすすめする。

⑶　辞書の問題〜どうする紙の辞書と辞書サイト，そして，翻訳サイト

　生徒たちは紙の辞書も使用するし，英語辞書サイトや翻訳アプリも使用している。授業中にあえて学んでほしい英単語を会話の中に入れたとき，板書すると生徒たちが辞書を引くようなルーティーンができているが，紙の辞書を使う生徒は多い。それは単語を調べた後に付せんをつけて，自らが学んだり，調べたりした「証」を視覚的に感じたいからではないかと思っている。しかし，端末で翻訳サイトを使ってもよい。純粋に楽をするために翻訳サイトを使うという固定概念はもたせないようにしている。生徒は自らどのツールを使えば，英語の学習をよりよく進められるのかを判断することができると同時に，紙の辞書を使った後，さらに端末を使って意味を調べるなど，学習方法の選択肢が増えると捉えている。すぐ手が届く距離に端末が一人ひとりにあるということは，こうした語学学習において，それぞれの生徒がよりよい方法を選択できるということである。

1人1台がもたらす主体の移行と学びのシームレス化

北海道教育大学附属函館中学校教諭

郡司直孝

1　北海道教育大学附属函館中学校の1人1台端末環境の概要

　北海道教育大学附属函館中学校（以下，本校）での1人1台の端末環境による教育活動の展開は，2013年度に始まった。当初は学校所有の端末を常時貸与していたが，2015年度ころには端末やソフトウェア等の不具合が顕在化した。そのため，2017年度からは，持続的な1人1台環境のために，保護者が学校指定の端末を購入することによる1人1台環境（いわゆるBYOD/BYAD）の下での取組が進められている。本校では，Chromebookを購入端末として指定するとともに，無償で利用できるG Suite for Educationを活用しており，授業支援・学習支援のソフトウェアやアプリ等は導入していない（2020年11月現在）。また，端末やG Suite for Educationの基本的な使い方に関する指導を，第1学年1学期に実施している（総合的な学習の時間「探究のための基礎的・基本的なスキル習得と演習【主に情報活用に関する事柄】」7時間）。一方で，これらの活用に関する教員向けの研修は特段実施していないが，新たに着任した教員には，上記授業への参加を推奨するほか，職員会議などの各種校務でもG Suite for Educationのアプリを積極的に活用することによって，日常の指導や校務に必要なスキルの習得を図っている。

2　1人1台端末を活用した授業

　1人1台端末を活用した授業として，第2学年社会科・歴史的分野「近世の日本」における「江戸時代前半を大観する学習活動」を紹介する。中学校社会科・歴史的分野の学習では，時代を大観する学習が重視されている。しかし，授業者が与える抽象的な視点（政治や経済など）に基づいて，既習の事象の羅列に終始してしまい，継ぎ接ぎのまとめになってしまうという課題があると考えている。そこで本単元では，生徒自身がその時代を説明するのにふさわしい視点を設定した上で，視点に基づいた学習内容の捉え直し，整理・分析を行い，自らの時代観を構築することができるようになることを学習のねらいとした。また，このねらいに到達することを目指して，本実践では，(1)生徒同士がその時代を説明

するのにふさわしい「視点」を共に設定すること，(2)設定した視点に基づいて収集・整理・分析した情報を他者と共有すること，(3)共有した情報に基づいて生徒一人ひとりがその時代をまとめ，論述を行い，その内容を他者が評価すること，という3つの学習活動においてICTを活用した。当然，その過程では生徒がそれぞれの必要に応じて，教科書や資料集，ノートなどを並行して活用していた。なお，この3つの学習活動は単元末に実施したものであり，これ以前の時間では授業者が江戸時代前半の事象を説明した。この説明に使用したプレゼンテーション資料はPDF化して，クラウド上のプラットフォーム（Google Classroom）に全て保存して，生徒がいつでもどこでもアクセスできるようにした。また，本単元に限らず，筆者の授業では，授業等での学びに関わる記録の方法を生徒に一任している。そのため，生徒によってはノートのほか，付せんにメモして教科書に貼り付けたり，文書作成アプリ（Googleドキュメント）に入力するなど，それぞれ個々に適した方法で行っている。

(1) 生徒同士がその時代を説明するのにふさわしい「視点」を共に設定する

まず生徒は，4人1組のグループを構成し，これまでの授業の記録のほか，教科書や資料集を改めて読み込んだり，NHK for Schoolなどの学習に関する動画を視聴したりして，江戸時代前半に関する情報を収集した。ノートのほか，ホワイトボードアプリ（Jamboard）を活用して情報の整理を行った。その後，これらを踏まえて，グループ内で議論を行い，グループごとに江戸時代前半を説明するのにふさわしい4つの視点を設定した。

資料1　NHK for Schoolでの情報収集

資料2　自分で選択したアプリでの情報の整理

資料3　ホワイトボードアプリの活用

資料4　グループとしての「視点」の議論

⑵ 設定した視点に基づいて収集・整理・分析した情報を他者と共有する

　視点が設定された後，グループ内の１人が１つの視点を担当して，その視点に関する情報を収集した。収集した情報は，生徒一人ひとりがふさわしいと考えたアプリに記録するとともに，他者が参考にすることのできる資料（「担当する視点について作成した資料」）となるように整理を行った。

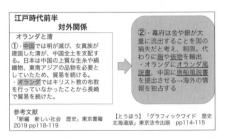

資料５　担当する視点について作成した資料(例)

　続いて生徒は，授業者が作成・配布した「提出シート」の指定された箇所に，自分が担当する視点に関するまとめを論述した。この提出シートは，授業者が表計算アプリ（Google スプレッドシート）で作成し，学年の全生徒とオンライン上で共同編集ができるように設定することによって同一のファイルを閲覧・編集することができるようにしたものである。このシートは，これまで生徒それぞれが収集し，整理・分析してきた全ての情報を一元化する役割を持たせたものであり，これまでの学習の成果が全てこのシートに集約されるこ

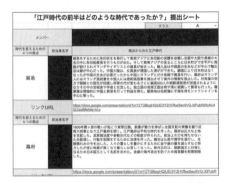

資料６　あるグループの提出シート(例)

とによって，他のグループや他者の取組について，内容と方法の両方を互いに参考にし合うことを意図している。なお，シート内には，生徒それぞれの論述の根拠となる「担当する視点について作成した資料」のファイルへのリンクを貼り付ける欄（リンク URL）を設けており，他の生徒は論述だけではなく，その根拠となる資料にもアクセスすることができるようにした。

⑶ 共有した情報に基づいて生徒一人ひとりがその時代をまとめ，論述を行い，その内容を他者が評価する

　次に生徒は，提出シートに入力された論述やリンク先のファイルなどを参考にして，学習課題「江戸時代の前半はどのような時代であったか？」に対する考察を行った。この際も，生徒一人ひとりがふさわしいと考えた方法（ノートやアプリ等）を活用した。そして，学習課題に対する自らの考えを，授業者が作成したアンケートアプリ（Google Forms）に入力した。

資料７　学習課題に対する考えを入力するアンケートアプリ

このアンケートアプリに入力された内容は，自動的に表計算アプリに反映される。この機能を活用して，他者の論述に対する評価を行う学習を展開した。具体的には，学級全員の論述が集約された表計算アプリのファイルから，個人が特定できる情報（出席番号と氏名）を見えない状態にして，「評価シート」として学級全員に共有した。論述には通し番号が割り振られ，生徒は自らの出席番号と同一の通し番号の論述に対して評価を行うこととした。なお，自らの論述に当たった生徒がいた場合は，論述を再度混合させ，通し番号を割り振り直した。また，評価の観点としては，内容が正確であるか（正確性），論理的な記述となっているか（論理性），授業者が設定する他者（本単元では「中学校で江戸時代を学習する前の生徒」）に分かりやすい記述となっているか（他者意識，分かりやすさ）の３点を示した。

最後に生徒は，自らの論述に対する他者からの評価を確認し，論述の改善を行った。

資料8　評価シート（一部）

本単元において，１人１台端末を活用することの最大のメリットは，容易な情報の共有と加速度的に増加する情報量である。生徒一人ひとりが収集・整理した情報が即時に他者と共有され，他者に活用されることによって，その情報が次の「知」へと連続し，拡大していく。この「知（情報）」の共有による連続的な「知（情報）」の更新・拡大は，多様な事象を比較・関連付けて時代観を構築する上で，不可欠なものであると考える。実際の授業では，上述の(1)から(3)の学習活動は４時間で取り組まれており，効率化という点も「１人１台」のメリットと言えるだろう。

しかし，本実践を展開するためには，生徒が取り扱う内容に関する理解を持つことに加えて，アプリ等に関する理解と十分なタイピング技能を有していることが必要である。そのために本校では，端末や G Suite for Education の基本的な使い方に関する指導を集中的に実施することに加えて，それらの技能を授業だけではなく，様々な場面で活用する機会を設けたり，朝の短学活前の５分間でタイピング練習を行う「朝タイピング」に継続的に取り組んでいる。１人１台端末環境を効果的に展開するためには，こうした取組を全校的に計画・推進していくことが欠かせないと考える。

3　その他の特筆すべき実践

⑴　共同編集機能での発表スライドの作成

　他者とクラウド上でファイルを共有して編集する共同編集機能が，様々な教科等で活用されている。編集された内容は，オンライン環境下では瞬時に同期される。特に，総合的な学習の時間では，複数人で構成されるグループが設定した課題を解決するために，一人ひとりが取組を進めているが，その成果を共有し発表するために，プレゼンテーションアプリ（Google スライド）を活用している。本機能の活用によって，素早く効率的に資料を作成できるという点だけでなく，他者との協働によって，各自の取組を相互にチェックしながら，情報をより精選し，1つの成果物を創り上げていく学習をよりよく展開することが可能になる。こうした学習の積極的な展開は，本校がめざす情報活用能力における「思考力，判断力，表現力等」の一つに位置付けられる「相手や状況に応じて情報を適切に発信する」という資質・能力の育成にも大いに貢献している。

資料9　共同編集でのファイルの作成

資料10　他者を想定した発表練習と相互評価

⑵　メール機能の活用

　第2学年11月から第3学年では，総合的な学習の時間において，生徒1人が1つの課題を設定し，その解決をめざす「卒業研究」に取り組んでいる。この探究的な学習での情報収集の機会として，例年実施する東京都での修学旅行の際に，生徒が希望する研究者や企業等への訪問を行っている。多くの生徒は1〜2か所の訪問先を設定するため，生徒が自身のメールアドレス（アカウントとして付与されているもの）を活用

資料11　アポイントメンドどりのメール(一部)

して，訪問希望先へのアポイントメントどりを行なっている。なお，送付前には必ず担当教員が文面の確認を行い，送付の際には「cc」にて同報することとしている。

（3） 信頼できる情報源からの情報の収集

　生徒は常時インターネットへの接続が可能な状態にあり，情報を収集することそれ自体は比較的容易に行うことができる。しかし，収集された情報が信頼できる情報源からのものであるかどうかの吟味が不十分な場合が多いという課題がある。そこで社会科では，教科書の記述内容の根拠となり得る資料を収集し，簡潔な説明を加えた説明資料を作成するという学習活動に取り組んでいる。

資料12　あるグループの説明資料（例）

4　1人1台端末環境での授業構築を見据えて

　以前，視察に来校された方が生徒に対して，「1人1台になってどんなことが変わりましたか？」と質問されたことがある。その生徒は「これまで授業は，先生が頑張るものだと思っていました。でも今は，私たちが頑張るものだと思っています」と答えた。

　こうした生徒の言葉や本校の実践を振り返ったとき，1人1台の端末環境では，「授業をいかに構築・改善するか」という視点に加えて，これまで

資料13　シームレスな学びづくりへ

以上に「学びをいかに加速させるか」という視点を持つということが，授業者と児童生徒の両者に求められていると感じる。そういった意味で，1人1台端末環境での授業構築は，その主体を「授業者」から「児童生徒」に移行させ，学校や授業という場と時間を飛び越え，学びをシームレスに展開していくものになると考えている。

　ただし，モノや機能がありさえすれば，児童生徒の学びが加速するわけではない。そこでは，これまでの教育実践とICTとのベストミックスが模索される必要がある。その手掛かりの一つとして筆者は，これまでの授業実践の中での「『こんなことができたらいいな』と思うことを，ICTで実現できないか？」という視点を提案したい。すなわち，これまでの授業でやりたいと思っていたこと，例えば，「生徒一人ひとりの取組を学級全体で容易に共有できないだろうか」「学習課題に対する生徒の記述について，その結論に至った学びの過程を含めて把握することはできないだろうか」という思いである。こうした思いから計画され，展開されたものが2の実践である。

　1人1台の端末環境の中で，こうした思いを実現する授業実践に今後も取り組んでいきたい。

ICTを生かした授業デザイン
様々な場面での端末活用

同志社中学校教諭
反田 任

1 英語4技能の向上をめざす端末活用

(1) 英語のコミュニケーション力を総合的に伸ばす

　本校では2014年度から1人1台の端末の導入と全教室へのWi-Fiの整備を進め，現在では校内で約1,000台の端末が稼働している。生徒端末はMDM（Mobile Device Management）によって管理され，授業で活用するアプリの配信もMDMを通じて行っている。学習に関しては，学びのプラットフォームとして本校独自の「学習ポータルサイト」で教材や授業動画の配信，自由研究など学習に関する情報を集約し，生徒へ提供している。

　さて，新学習指導要領の全面実施により，2021年度から中学校では英語の授業は「英語で行うこと」が基本となり，対話的な活動や言語活動を重視することになる。また，今までの「聞く」「話す」「読む」「書く」の4技能のうち，「話す」が「やり取り」と「発表」の2領域となり，「4技能5領域」を意識したコミュニケーション力の向上が一層求められることとなる。

　本校では英語の発話力・コミュニケーション力を向上させるために，AI英語学習ロボットやオンライン英会話を授業デザインに取り入れている。生徒の発話量を増やし，実際の場面に近い状況で英語で会話する力を養うためにICTを効果的に活用している。

　ここでは中学1年の授業事例を紹介する。

(2) 授業事例

①活動名

　スマートフォンのメリット・デメリットについて自分の考えを英語で表現し，伝える

②学年・教科

　中学校第1学年・英語

③授業のねらい

　身近なテーマについて英語で自分の考えを伝える（英語でコミュニケーションする）

④授業の特色

　中学1年の3学期に身近な話題について，自分の考えや意見を英語で述べることを目標として "Good Points and Bad Points of Smartphones" というテーマで自分の考えを英文でまとめ，オンライン英会話の先生に伝えるという授業を計画し実践した。このテーマは中学1年生の生徒にとって身近で，情報活用スキルや情報モラルの問題にも関わる内容である。身近なことを英語で表現することが「自分ごととしての学び」につながると考えてこのテーマを設定した。また，この実践で「自分の考えをまとめて英文で表現する」（書く力），「自分の書いた英文を読めるようになる」（読む力），「自分の意見・考えを英語で発話する」（話す力－発表），「オンライン英会話の先生のコメントをもらう」（聞く力）の過程を組み合わせて英語4技能を統合的に授業に組み込むことを意識した。

⑤授業の概要（流れ）

表1　授業の流れと留意点

回	授業の内容	留意点・端末の活用
1	スマートフォンの Good Points と Bad Points について自分の意見を3つ程度英語でまとめて英文を作成し，クラウドに提出する。	英文は端末の文書作成アプリを活用して，タイピングして書き上げる。
2	教員は提出された英文をルーブリックで評価して返却する。生徒は返却された英文の修正を行い，英文の発話練習を行う。	生徒は各自の端末で閲覧する。発音練習に英語読み上げアプリを活用する。
3	オンライン英会話の先生に自分の意見を聞いてもらい，コメントをもらう。	端末でオンライン英会話を活用する。

　以下に，ルーブリックによる英文評価と生徒作文例を示す。

表2　ルーブリックによる英文の評価

ポイント	4	3	2	1
Overall Content【全体評価】	語数を満たしている。句読点，大文字，つづりの間違いが2個以下。	語数を満たしている。句読点，大文字，つづりの間違いが3個あった。	語数を満たしている。句読点，大文字，つづりの間違いが4個あった。	語数を満たしていない。句読点，大文字，つづりの間違いが5個以上。
Grammar【文法】	文法の間違いが2個以下。言いたいことがしっかりと伝わっている。	文法の間違いが3個あった。言いたいことがしっかりと伝わっている。	文法の間違いが4個あった。文構造が正しくないために言いたいことが伝わっていない。	文法の間違いが5個以上あった。文構造が正しくないために言いたいことが伝わっていない。
Vocabulary【語彙】	様々な語彙や表現を使っている。語彙の間違いが2個以下。	様々な語彙や表現を使っている。語彙の間違いが3個あった。	様々な語彙や表現が使えていない。語彙の間違いが4個あった。	様々な語彙や表現を使えていない。語彙の間違いが5個以上。
Structure【文章構成】	接続詞の間違いがなかった。	接続詞の間違いが1個あった。	接続詞の間違いが2個あった。	接続詞の間違いが3個以上あった。

事例編／授業づくり

同志社中学校

85

資料1　生徒作文例

I would like to talk about the good points of smartphones. I think there are three good points. First of all, you can get information even if you are not at home. Second, to keep in touch with family and friends. Third, it is small and easy to carry around. It is so small they you can carry it in a bag etc. So, smartphones are very important to life.

Next, I would like to talk about bad points of smartphones. If you look at it too much, your eyes will get worse. So, I think that you should be careful of too much use of smartphones. That's all. What do you think about my idea?

写真1　個人別インタビューの様子

写真2　オンライン英会話を活用した授業

⑥１人１台端末活用のメリット

この事例では「英文を書く」「英文を提出する」「返却された英文で発音練習する」「英語でのインタビュー」という一連の活動が全て個人ベースであることから，１人１台端末であるメリットは大きい。作成した英文を端末に保存し，保存した英文は評価のための提出サイト，発音練習のための英語読み上げアプリにコピーする際に活用する。端末内にあるデータを文書作成のみにとどまらずにいろいろな目的で活用できる意義は大きい。

英文作成や発音練習等で端末を活用する際に，１人１台端末であれば，同時に一人ひとりに応じた効果的な学習ができる。また，個人のペースで学習できるので理解しにくい箇所を何度も繰り返しながら，確実な学習内容の理解や習得に結び付けることができる。このような観点から，１人１台端末の活用は「何の学習のためにどのような活用をするか」が明確であれば，確実な学習効果が期待できる。

⑦本事例のポイント

本事例で１人１台端末の活用以外のポイントとして紹介したいのは，オンライン英会話の活用である。インタビューでの英語のアウトプットの段階でオンライン英会話を活用している目的は「Native Speaker とのコミュニケーション」と「英語で自分の考えを伝える」ということであり，従来であれば ALT が担ってきたことである。しかし 35 名の生徒のインタビューを ALT １人で授業時間内に行うことは物理的にも不可能であり，待ち時間も生じるため授業時間が効率よく使えない。ICT を活用して複数名の Native Speaker と遠隔でインタビューを行えば，授業もスムーズに進められる。ALT の授業でなくても１人の教員がファシリテートすれば Native Speaker との対話が可能になる。インタビュー

の評価については事前にオンライン英会話の先生と打ち合わせをしておけばよい。

　ICT を活用することで今までと違った授業デザインが可能になり，時間的，人的，物理的な制約や課題も解決につながっていく。ICT を様々なアプリやサービスと合わせて授業でどううまく活用するかは教員の発想とアイデアにあると言える。

⑧日常的な生徒と ICT の関わり

　本校では，1 年生は入学と同時に 1 人 1 台の端末と，一人ひとりに個人メールアドレスが配布され，それが端末や Web サービスのユーザ ID となっている。教科や授業，教材の特性に応じて Apple Schoolwork，G Suite for Education，Office 365，ロイロノートなど様々なプラットフォームを利用することができる。これは生徒が 1 つのプラットフォームやアプリに制限された使い方ではなく，目的に応じて使い分けができるようにという意図からである。これは教員も同様で，授業にもっとも適したプラットフォームを選択し活用できる。

　授業の教材配布や課題提出，連絡などは ICT を活用してほとんどデジタル配信されるようになっている。また，授業時・授業外の発表では，プレゼンテーションアプリで制作したスライドや動画を活用した発表が中心になっている。

2　英語のアウトプット重視の 1 人 1 台端末活用例

　1 人 1 台の端末の活用は，従来から教材として音声や動画を扱う英語学習と相性がよく，また学習者一人ひとりのペースに応じて活用することができる。

(1)　発音のチェックに活用する

　端末の音声入力機能を活用して簡単に発音チェックを行うことができる。英語の音声入力モードにして，メモなどの文書作成アプリにマイクから音声を入力すると，英文字が入力表示され，正しく発音されていると正しいスペルになる。これを教科書の英文の音読練習やオリジナルのスピーチの発音練習などに利用すれば，学習者個人でいつでもどこでも発音チェックが可能で，学習者の主体的な学びにつながるとともに，教師 1 人では対応に限界があった発音指導が可能になる。Web ブラウザで Google 翻訳サイトの英語入力の機能を活用しても同様のことができる（**図1**）。

(2)　発音チェックをかねた創作動画やデジタル絵本の制作

　基本的な発音チェックは(1)の方法でできる。さらに「自己紹介動画」や "Who am I?" クイズを制作する。発音チェックをかねて動画にテロップを入れると，正しいテロップを入れるために繰り返し発音をすることと併せて，身の回りのことや自分のアイデアを英語で表現することにつながるため，学習効果として英語 4 技能の統合的な向上が見られる。

① Web ブラウザで Google 翻訳サイトにアクセスする。
②「英語」を選択し，マイクをオンにする。
③チェックする英文をマイクから音声入力する。
④発話した英文が表示される。正しく発音されていれば英語のスペリングが正しく表示される。

図1　Google翻訳サイトを活用した英語発音チェックの例

図2　絵本制作アプリを活用した創作英語デジタル絵本

　デジタル絵本アプリ「ピッケのつくるえほん」を使って，オーディオブックの制作にも取り組んでいる（**図2**）。生徒のオリジナルなアイデアによるストーリーを制作し，生徒が自分で考えたことを英語で表現することにより英語の力の定着が図れる。

　動画や絵本制作の手順は以下のとおりである。※（　）内は技能

①表現する内容，アイデアを考える　→　②英文で表現する（書く力）　→　③英語の発音練習をする（聞く力・読む力）　→　④動画（絵本）作成　→　⑤音声を吹き込む（話す力）

　以上のように，端末を活用することで英語4技能の要素を制作の過程に組み込むことができ，統合的な英語力を身に付け，生徒の創造力を引き出すこともできる。

3　Google Classroom を活用したレポート指導事例

　本校では毎年夏休みに生徒自身が設定したテーマに基づいて自由研究（**図3**）に取り組むことになっている。2020 年 4 月から G Suite for Education を導入したことから，1人 1 台端末環境下で，全教員が夏休みから 2 学期にかけて，自由研究の個別指導をGoogle Classroom と Zoom（ビデオ会議システム）を活用して行った。

　今回初めての試みであったが，Google Classroom と Zoom の組み合わせによる夏休み期間中の自由研究の指導は，アンケート（**図4**）の結果にも表れているように，生徒にとっ

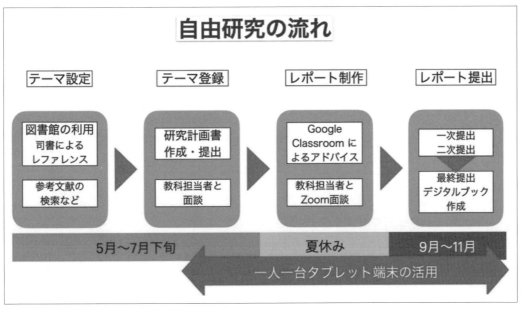

図3　自由研究の流れとタブレット，Google Classroomの活用イメージ

ても満足のいくものであったようである。1人1台端末のメリットを活かして，家に居ながらにして指導教員とメッセージやテレビ会議を通じて相談ができ，従来よりも頻繁に教員と生徒の間で質問やアドバイスのやり取りを行うことができた。

　その結果，自由研究のレポートの内容も充実したものが多い傾向が見られる。この手法を自由研究だけでなく日常の授業にも活かしていくことで生徒一人ひとりに応じた教科指導が実現し，充実していくであろう。

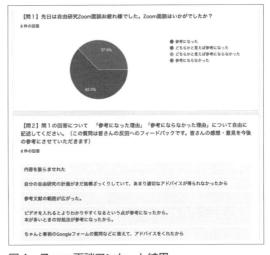

図4　Zoom面談アンケート結果

　自由研究は今まで優秀作品を冊子にまとめて配布していたが，2020年度から文書作成アプリでレポートを仕上げ，EPUB（電子書籍のファイルフォーマット）でクラスごとにまとめてデジタルブックとして発行することになった。EPUBで仕上げることにより，画像だけでなく動画も組み込むことができ，レポートの内容の充実が図れる。また印刷物で発行する場合の費用や手間を省くことができるメリットもある。

アプリの使い方を学びつつ 他教科の学びも深める創造的活動

Apple Distinguished Educator

聖徳学園中学・高等学校学校改革本部長　品田　健

1　模擬期末考査問題を作ろう

　「情報」におけるワードプロセッサの授業と言うと，見本の文書が提示され，同じ文書の作成を進める中で，書式設定やテキストの入力，フォントの調整，図や表の挿入等を習得というのが典型的なスタイルであろう。ワードプロセッサを使いこなせることに一定の価値があった時代であればそのようなスキルを学校で指導することにも意味があったが，

作成される文書は元々存在するファイルの更新や予め用意されたフォーマットを使うものがほとんどである。生徒にとっても「作りたい」とモチベーションが上がるような文書ではないし，全員が同じ文書を作成するのでは個性を発揮することも困難である。

　そこで，「生徒は自分が表現したいことがあれば積極的に取り組むし，操作についても自分でできるように主体的に学んでいく」という前提に立って授業を再構築した。

資料1　ラーニング・コモンズ

(1)　単元の設定

○単元

　ワードプロセッサの基本的な操作（全4時間）

○学年・教科

　高校第1学年，第2学年　「情報」（本校では STEAM と表記）

○使用機材・アプリケーション

・iPad（生徒は入学時に1人1台購入）

・Apple Pencil

・Pages（Apple 純正　ワードプロセッサアプリケーション）

・Books（Apple 純正　デジタルテキスト閲覧アプリケーション）

・Safari（Apple 純正　Web ブラウザ）

○ねらい

- ワードプロセッサの基本的な操作を習得
- 他教科の学習内容を主体的に深める
- 模擬考査問題の形で，理解した内容を創造的にアウトプットする
- 作品を全体でシェアして相互評価する

○特色

- 他教科の学びを深める
- 創造的な活動

事例編／授業づくり

聖徳学園中学・高等学校

Pagesの課題

- ✔ 期末考査の模擬考査問題をPagesで作成
- ✔ テキスト・図形・画像・手書き　は必要
- ✔ 表紙・解答用紙・模範解答・配点　も必要
- ✔ 小問1問の配点は10点以下
　（現実離れした出題や配点と担当者が判断したものは減点）
- ✔ 解説はオプション（加点）
- ✔ 動画のワンポイント解説（30秒以内）も加点

　基本的な操作については，授業内では簡単に済ませ，説明を収録した動画を YouTube 上に限定公開し，説明に使ったスライドをまとめてデジタルテキスト（Apple ブック）として出版することで，いつでも操作の確認や復習ができるようにした。

　また，見本どおりの文書を作成するのではなく，定期考査の模擬問題を作り出すこととして，各自が全く異なる課題に取り組むようにした。完成した作品は Google ドライブ上の共有フォルダへ提出することで，お互いに見て評価することができる。

　考査を作成するということは，その教科や科目の考査範囲について理解することが必要となる。生徒は考査を作成する過程で受動的に授業を受けていたのとは異なり，主体的に当該教科や科目の内容を理解しようと努め，どこが重要な内容なのかを見極めようとする。また，教員の考査を模倣しつつもそこに自分のオリジナリティを加えようと工夫をする。「こういうことをしてみたい」という思いから，アプリケーションの操作についても自分で積極的にデジタルテキストやアプリケーションのヘルプ，Web 上の資料，YouTube 等の動画講座等を調べて習得しようとする。

(2)　実践の詳細

○課題の提示

　ワードプロセッサのアプリケーションについて，基本的な操作の習得を目標とした課題に取り組むことを伝える。課題作品として，次回の定期考査の模擬問題を各自が作成することを提示する。前年度の作品をピックアップして提示することでイメージを掴ませる。

○Pages の基本操作説明

　Keynote（プレゼンテーションアプリケーション）を用いて，Pages の基本的な操作について説明を行う。テキストが連続するシンプルな文書ではなく，図や表などが混在する文書となるため，通常とは異なり，「ページレイアウト」という文書形式で作成している。

資料2　Pages操作の説明画面

全体への操作説明は1回のみで，不明な点はデジタルテキストや動画を使って調べること，教え合うこと，どうしても分からない場合は教員へ質問することを伝える。

○デジタルテキストの紹介

基本操作説明に使ったスライドを基にしてデジタルテキスト（Apple Books）を作成して提供している。Apple Book Store へのアクセスを QR コードで提示し，Books（デジタルテキスト閲覧アプリケーション）のダウンロードと閲覧方法を案内する。

この単元に限らず，スライドを使ったデジタルテキストは順次提供しており，定期考査の全問解答・解説も Books で発行しているため，授業内で限られた問題だけしか解説できなかったころと比べて遥かに充実した定期考査の振り返りが可能となっている。

○操作説明動画の紹介

授業内で行った操作説明を収録した動画を，YouTube の限定公開を用いて提供している。アクセス先を QR コードで提示している。

デジタルテキストと動画の両方を用意しているのは，生徒によって求める方法が異なるからである。テキストの形で復習したい生徒もいれば，動画を使って操作を確認したい生徒もいる。ピンポイントで確認したい生徒にとってはデジタルテキストが向いているし，全体をもう一度しっかり確認したいという生徒は動画を求める。個に対応した学びを進めるにはこのように複数の方法を提供することが必要である。

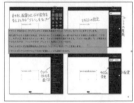

動画はあえて YouTube の限定公開を使っている。視聴数の確認ができるため，視聴数が少ないと「授業内でかなり理解できているな」とか，多いと「授業での説明が不十分だったから，ここは丁寧にやろう」と授業の改善にも役立っている。

資料3　操作説明のデジタルテキスト

○生徒の活動

生徒は各自で作成する教科や科目を決める。そして教科書や資料集，ノート，過去問題等を持参して問題作成の検討に入る。授業時間は限られているため，実際にはかなりの部分を授業時間外に行っている。生徒によってはクラブ活動等で自由な時間が少なく，授業時間外での負担が大きいことは課題である。

考査作成の参考として Web の資料や YouTube の動画を用いることも認めている。この単元について，あるサイトではこのようにまとめている，ある動画ではこのように解説している，などと検討することも一つの学びだと考えている。

○教員のサポート

生徒が取り組んでいる教科・科目はバラバラなので，その内容についてのサポートはほとんど行っていない。よって，とにかく自分で調べること，教え合うこと，各教科担当者

に質問に行ってもらうことで解決している。

「分からないことは先生に質問すれば教えてもらえる」ことが当たり前と思っている生徒にとっては，質問しても「それは分からないな」と対応されることは驚きである。しかし，実際にはそこで「仕方ないな。自分で調べるか」となって何とか解決できた生徒は「さっきのあれ，分かりましたよ。教えてあげようか？」と嬉しそうに声をかけてもくれる。教えてもらうのは簡単であるが，自分で悩み，調べて考えて解決できた経験をすることは主体的な学びを後押ししてくれている。

資料4　模擬定期考査作成の様子

テクニカルなサポートはもちろん行っている。だが，これもできるだけデジタルテキストやYouTube，メーカーのサポートサイト等を使って自分で調べて解決するように指導している。かなり生徒を突き放しているように思われるが，生徒は自分で調べたり，教え合うことで解決してしまう。いかにこれまでの授業で「教え過ぎ」ていたかということを痛感している。

○STEAM教育の実践として

本校では情報の授業を中心としてSTEAM教育に取り組んでいる。一般にSTEAMは理系の教科横断型の学びと考えられているが，本校は理系とは限定せず教科を越えた学びとしている。

考査として適切なデザインを考えるということにも力点を置いている。プレゼンテーションにおいても「よいアイデアであってもデザインが悪ければ伝わらない」と指導しており，この課題でも「テストとしてのデザインを考慮しないとよいテストにはならない」として，ペアで授業を担当している美術科教員からデザイン面での指導を行っている。

資料5　生徒作成の模擬定期考査問題

○生徒作品

完成した生徒作品は，指定されたGoogleドライブへ提出するようにしている。

最大のメリットは提出後に生徒がお互いの模擬定期考査問題に取り組めることである。ここで出題のミスや別解の存在，解説のミス等に気付いて指摘し合うことで学びが一層深くなっているようである。見本どおりの文書をコピーのように制作するような授業では絶対にあり得ない学びがそこには存在している。

資料6　問題をGoogleドライブで共有

○課題

・時間の制約

週1時間の授業で全4回で完結というかなりタイトなスケジュールで行っている。授業

時間内で完成させることはほぼ不可能であることを承知しての計画である。この取組を各教科が取り入れて教科内で実践してくれるように働きかけている。

・教科・科目の専門性への対応

　可能な限り，生徒が自ら学んで理解を深めるようにしているが，未修事項についてはなかなか難しい。作成した問題が教科的に適切なものなのかも確認できていない。該当教科・科目の協力が不可欠ではあるものの，担当者に依頼するのはなかなか難しい。

2　外国語の挨拶を学んでレッスンムービーを作ろう

○使用アプリケーション

　Clips（アップル純正　ショートムービー作成アプリケーション）

○特色

　iPad で外国語を自習して成果を動画にする

○生徒の活動

　Clips は音声自動認識で字幕が表示できる。この機能を用いて外国語の学習ムービーを作成する。

資料7　外国語を自分で学ぶ

　生徒は Web 上のサービスや各種アプリケーション，YouTube の外国語学習用動画などを使って，挨拶や自己紹介ができるように自習する。

　日本語と外国語のフレーズの繰り返しを撮影し，外国語が綺麗に表示されるまで練習と撮影を繰り返す。動画を Google ドライブの共有フォルダへ提出し，生徒はお互いの作品を見て，様々な言語について学ぶ。

資料8　作成したレッスンムービーを共有

3　学習ムービーを合成動画で作成しよう

○使用アプリケーション

　iMovie（アップル純正　ムービー編集アプリケーション）

○特色

　特定の項目について解説する学習ムービーを動画の合成技術を用いて作成する

○生徒の活動

　生徒は日ごろ YouTube などの動画サイトで学習動画に触れている。利用者の立場ではなく，解説する側にまわって動画を作成することで教科・科目の理解を深めることが可能である。

資料9　グリーンバックを使って合成動画の撮影

iMovie のグリーンスクリーン機能を用いて，Keynote 等で作成した板書の背景と，グリーンスクリーンの前で撮影した解説動画を合成して学習ムービーを作成する。

資料10　学習ムービーを共有

個人で作成する課題ではあるが，生徒は協力して作品を完成させている。

Google ドライブの共有フォルダへ提出し，お互いに修正点を伝え合うなど，さらに教科・科目の学びを深めている。本稿1で紹介した模擬定期考査問題の作成の前に本実践を行うことで，教科・科目の理解を深める手段を重ねて体験できるようにしている。

4　1人1台端末環境での実践から

○自由な環境

本校では端末をできるだけ自由な環境で教職員・生徒に活用してもらえるように努めてきた。教職員には自由に様々な試行を実践してもらい，生徒にもアプリケーションやサービスを自分なりに創意工夫してオリジナリティを表現できるような課題設定を行ってきた。

資料11　Adobeツールの演習

実践を重ねる中で，教職員間で発展的なアイデアが出される機会も増え，今年度は新たに Adobe 社の Premiere Rush や Photoshop，Illustrator を用いた授業も高校2年の STEAM で展開している。また，生徒も授業で教えたことを上回るアプリケーションの使い方やアイデアを見せてくれるようになっている。

iPad は生徒や教職員の創造性を刺激するツールであると定義して導入と活用を進めてきたが，その方向性の正しさが生徒作品の積み重ねとして証明されている。

資料12　自由に動き回れる環境

○クリエイティビティの灯を消さない

小学校までは児童の創造性を発揮するような取組が行われてきているが，残念ながら中学・高校になると受験を意識して知識を注ぎ込むような授業が中心となって創造性を発揮する機会が失われてきた。そのような活動は芸術科目だけで行われるものとされてきた。

しかし，実際には高等教育機関や企業で求められるのはオリジナリティや創造性である。数年間，そんなものは必要ないとでもいうような教育を受けてきて，いきなり「個性」を表現しろ，創造性を発揮しろと言われても無茶な話である。

本校では「新たな価値を生む」ことを大事に教育活動を行ってきた。その延長として，STEAM 教育を通して，生徒の，そして教職員のクリエイティビティの灯を消さないような取組を今後も行っていきたい。

アイデアや表現を引き出す端末の活用

東京都立石神井特別支援学校指導教諭
海老沢　穣

1　特別支援学校における端末を活用した授業実践

　本校は知的障害のある子どもたちが通う小・中学部の特別支援学校である。学区域は3つの区と市にまたがり，2020年12月現在195名の児童生徒が在籍している。東京都では2014年にタブレット端末（iPad，以下，端末）が各都立特別支援学校に配備され，本校では現在31台を運用している。端末が導入されたことにより，その特長である指によるシンプルな操作性や，スライド，映像，音楽などで分かりやすくアイデアを表現できるユーティリティの高さを生かし，ICTを活用した新しい授業を作り出すことができるようになった。子どもたちが内面に持つ様々なアイデアや表現をダイナミックにアウトプットすることが可能になり，視覚支援，映像メディア表現，物語づくり，プレゼンテーション，プログラミングなど多様な授業実践に取り組むことができている（海老沢 2018；海老沢 2020a）。

　本実践の対象は，簡単な文章や計算の理解が可能な中学部の生徒5名である。中学部1年時から1人1台の端末を活用し，自分たちのアイデアや表現を生かす学習に取り組んできた。学習を積み重ねる中でテーマを徐々に広げ，ICTを活用したプロジェクト型学習（Project-Based Learning）へと授業を発展させた。今回は中学部1年時から3年時にかけて継続して取り組んだ授業実践について紹介をしていきたい。

2　レゴブロックと端末を活用した物語づくり

　まず，1人1台の端末を活用したオリジナルの物語づくりから学習をスタートさせた。レゴブロックを使用し，1人ずつ主人公と背景をプレート上に作り，端末のアプリ「ロイロノート」で撮影して文章を入力した。レゴブロックを動かしたり付け加えたりしながら撮影を進め，文字を入力してカードを作成し物語をつなげていくという流れで，各生徒がオリジナルの物語づくりに取り組んだ。テーマは特に設けず，「どこで誰が何をしているのか」というポイントだけを意識して，それぞれが自分の物語を制作していくよう促した。

アイデアがうまく展開できないときは，筆者を含めた2名の教員でやり取りをしたり助言をしたりしながら，なるべく自分で進められるよう支援を行った。レゴブロックを使用したのは，手で操作しながらアイデアを発展させていくことがしやすいためである。自分のアイデアを端末上で物語にしていくという経験はどの生徒も初めてだったため，当初は戸惑いも見られたが，取り組んでいくうちに自分なりの

写真1　レゴブロックによる物語づくり

こだわりやスタイルが生まれてきて，アイデアや表現をICTで生かすということに体験を通して慣れていくことができた。完成した物語は動画として書き出し，アプリ「GarageBand」でBGMを作って映像作品として仕上げた。「GarageBand」では，Live Loops機能を活用し，アイコンを押しながら音を組み合わせていく形で曲を制作した。最後に発表の時間を設け，他の学習グループの前で発表を行ったり，校長室で校長に発表を行ったりすることができた。

写真2　「GarageBand」による音楽づくり

3　学校紹介の映像制作をテーマにしたプロジェクト型学習

　端末を活用し，アイデアや表現をアウトプットする体験を積み重ねた後に，中学部1年時後半からプロジェクト型学習に取り組んだ。プロジェクト型学習とは，「一定期間内に一定の目標を実現するために，自律的・主体的に学生が自ら発見した課題に取り組み，それを解決しようとチームで協働して取り組んでいく，創造的・社会的な学び」である（同志社大学PBL推進支援センター　2012）。プロジェクトのテー

写真3　「Clips」による教室の紹介映像制作

マは「学校紹介の映像を作ろう」とし，「どこを撮影するか」「誰にインタビューをするか」を5人で相談し，撮影する場所やインタビュアーなどの役割分担をしながら，一つ一つ活動を進めていった。端末のアプリは，動画編集アプリ「Clips」，プレゼンテーションアプリ「Keynote」，作曲アプリ「GarageBand」，ドローンを操作するための「Tello」を主に使用し，最終的な映像の編集は筆者が「iMovie」を使用して行った。「Clips」は主に各教室等の紹介映像の制作，ドローンは階段や廊下の移動

写真4　ドローンを活用した映像制作

シーンの撮影に活用し，編集した動画に「GarageBand」で作曲した BGM を挿入した。

　この取組を通して，生徒たちはプロジェクトのテーマを意識しながら気付いたことを積極的に発言したり，教師や友達とのやり取りを通してイメージを広げ，そのアイデアを生かしてアウトプットしたりすることができるようになった（海老沢・山田 2019）。

4　SDGs をテーマにしたプロジェクト型学習

　プロジェクト型の学びをさらに進め，社会に向けてアイデアを出しアクションを起こすことを目標に，中学部 2 年時から SDGs（持続可能な開発目標）をテーマとしたプロジェクト型学習の実践に取り組んだ。SDGs は「誰一人取り残さない」持続可能な社会の実現に向け，世界の解決すべき課題が 17 にまとめられた全世界共通の目標である（国際連合広報センター）。SDGs を共通言語として，端末を活用しながら自分なりのアイデアやメッセージを発信し，様々な人たちと連携したり協働したりするプロジェクトに発展させられないかと考え，取組を進めていった。

⑴　SDGs について学び，気付いたことやアイデアをアウトプットする学習

　まず，生徒たちと SDGs のロゴを学ぶ授業からスタートさせた。SDGs へのイメージを広げるために，NHK for School「アクティブ 10 公民」，国連広報センター「トーマスとなかまたち：SDGs 出発進行」，一般社団法人 Think the Earth 編著『未来を変える目標 SDGs アイデアブック』等を活用し，自作のスライド教材と組み合わせて一つ一つのロゴの意味を確認していった。生徒たちは自分なりに気付いたこ

写真5　SDGs（持続可能な開発目標）

とを発言したり表現したりしながら理解を深めていくことができた。次に「気付いたことや感じたことを Keynote で作ってみよう」という活動へと発展させた。気になったロゴ

写真6　SDGsのロゴをテーマにした
学習⑴

写真7　SDGsのロゴをテーマにした
学習⑵

を1つ選び，自分なりのアイデアをレゴブロックや Apple Pencil を使って制作しながら Keynote にまとめた。17 全ての目標について役割分担をして作成を進め，5人の生徒のアイデアを1つにまとめることができた。

⑵　SDGs をテーマにしたプロジェクトへの展開

　次に外部と連携したプロジェクトへと展開を行った。テラサイクルジャパン合同会社とライオン株式会社が協働で行っている「ハブラシ・リサイクルプログラム」のポスター制作，静岡県立掛川西高等学校と連携した「掛川城プロジェクションマッピング」への映像参加，日本財団 DIVERSITY IN THE ARTS True Colors Festival チーム主催「#わたしの超ダイバーシティアワード」Tシャツメッセージキャンペーンへの参加などである。いずれの取組においても端末を活用し，自分たちのアイデアや表現をアウトプットする活動に取り組んだ。「ハブラシ・リサイクルプログラム」のポスター制作では描画アプリ「ibisPaint」，「掛川城プロジェクションマッピング」では「Keynote」やビジュアルプログラミングアプリ「Viscuit」，Tシャツメッセージには「Keynote」を主に使用した。SDGs をテーマにした自分たちのアイデアが形になり，他校と連携したり社会に発信したりすることができたのは，生徒たちにとっても大きな手応えとなった（海老沢 2020b）。

　現在は PTA と連携した学校全体での SDGs の取組へと発展し，全校の保護者へ協力を呼びかけるためのチラシのデザインを「Keynote」を活用して制作を進めている。ICT を活用することで，子どもたちのアイデアや表現をアウトプットしやすくなり，様々な形で社会と連携できる可能性が広がってきている。

写真8　「ibisPaint」によるポスターデザイン

写真9　「Viscuit」による映像制作

写真10　「Keynote」によるチラシのデザイン

5　端末を活用したその他の実践

⑴　写真を撮ろう

　中学部2年30名を対象に，端末で写真を撮る授業を行った。以下の手順で活動に取り組んだ。①事前の授業で粘土等の素材を生かした作品を制作する。②自分の作品を風景に

収めて写真を撮ることを説明する。③写真を撮るコツを学ぶために，Apple Books「素敵な写真を撮ろう」（矢野充博 2018）を端末上で見られるようにしておく。④写真の構図やデザイン等について，教員と生徒でやり取りをしながら Apple Books を読み進める。⑤粘土等の作品と端末を持ち，それぞれ撮影したい場所に移動する。⑥作品の配置や構図を工夫して撮影を行う。⑦撮影した複数枚の写真から自分のお気に入りの１枚を選ぶ。⑧それぞれの端末の写真を集約し，スクリーンで振り返りを行う。

写真11　Apple Booksの活用

　写真を撮る際のコツについて Apple Books を活用し対話を通して学んだことで，写真の構図やデザインに様々な工夫が生まれ，素敵な作品を制作することができた。

写真12　写真撮影の様子

(2)　アニメーションを作ろう

　中学部2年30名を対象に，コマ撮りアニメーション作品の制作に取り組んだ。コマ撮りアニメーションのアプリ「KOMA KOMA for iPad」を活用し，端末をスタンドに固定して撮影を行った。①事前の授業で紙，粘土等で作品を制作する。親子で遊ぶインタラクティブ Web 絵本「ピッケのおうち」のサイトからペーパードール（ピッケのペパドル）を印刷し準備しておいてもよい。②映像制作前に参考作品をいくつか視聴し，アニメーションの制作過程や作品へのイメージを高める。③アプリ「KOMA KOMA for iPad」を開き，撮影する作品が写るように調整する。④作品を動かしたり変化させたりしながら1コマ

写真13　コマ撮りアニメーション制作

ずつ撮影を行う。随時再生をしてアニメーション映像を確認する。⑤完成したら映像を書き出して「iMovie」等で編集し，音楽を入れて完成させる。「GarageBand」等でオリジナルの音楽を作ってもよい。

　コマ撮りアニメーションによる表現を工夫し，様々なテーマやアイデアを映像作品としてアウトプットすることができた。

　端末をアイデアや表現のツールとして活用し，子どもたちの様々な可能性を引き出していくためには，授業のビジョンやデザインがより大切になっていくと考えられる。今後1

人1台の端末が子どもたちの可能性をさらに引き出すツールとして，様々な形で活用されていくことを期待している。

[参考文献]
- 海老沢穣「タブレット端末を活用した創造性・表現へのアプローチ」『特別支援教育の実践情報』2018年7月号，明治図書，2018年，pp.22-23
- 海老沢穣「アイデアや表現を引き出すiPadの活用〜特別支援学校での授業実践〜」iTeachersTV【Vol.241】，2020a，https://youtu.be/CK4u-Dv-ucl
- 海老沢穣・山田高晃「特別支援学校におけるICTを活用したプロジェクト型学習の実践—映像制作の授業にルーブリックとリフレクションを取り入れた試み—」日本アクティブ・ラーニング学会第3回全国大会予稿集，2019年
- 同志社大学PBL推進支援センター「自律的学習意欲を引き出す！PBL Guidebook：PBL導入のための手引き」，https://ppsc.doshisha.ac.jp/attach/page/PPSC-PAGE-JA-9/56858/file/pblguidebook_2011.pdf（2012年）
- 国際連合広報センター「2030アジェンダ」，https://www.unic.or.jp/activities/economic_social_development/sustainable_development/2030agenda/（2020年）
- NHK for School「アクティブ10公民／第20回"世界の終わり"がやってくる!?」，https://www.nhk.or.jp/syakai/active10_koumin/teacher/program//（2020年）
- 国連広報センター「トーマスとなかまたち：SDGs出発進行」，https://youtu.be/EnFJdqtBkbQ（2020年）
- 一般社団法人Think the Earth編著『未来を変える目標SDGsアイデアブック』紀伊國屋書店，2018年
- テラサイクルとライオン株式会社「ハブラシ・リサイクルプログラム」，https://www.terracycle.com/ja-JP/brigades/habrush（2020年）
- 日本財団DIVERSITY IN THE ARTS True Colors Festivalチーム「#わたしの超ダイバーシティアワード，https://truecolors2020.jp（2020年）
- 海老沢穣「タブレット端末を活用したプロジェクト型学習—SDGs（持続可能な開発目標）をテーマとして—」中川一史・小林祐紀・兼宗進・佐藤幸江 編著・監修『カリキュラム・マネジメントで実現する学びの未来 STE(A)M教育を始める前に〔カリキュラム・マネジメント実践10〕』翔泳社，2020b，pp.154-170
- 矢野充博 Apple Books「素敵な写真を撮ろう」2018年，https://books.apple.com/book/id1420424084
- 株式会社グッド・グリーフ「つくってあそぼう」『親子であそぶインタラクティブWeb絵本ピッケのおうち』，https://www.pekay.jp/house/top_tukutte.html（2020年）

SNS と子どもたち

金沢学院大学文学部教育学科専任講師　山口眞希

　近年，ソーシャルメディアの普及はめざましく，社会生活を営む上で不可欠なものとなっている。令和元年度の通信利用動向調査（総務省）によれば，6〜12歳のインターネット利用率は前年から大きく上昇し80.2％に，13〜19歳では98.4％となっており，そのうち，SNS，動画共有・投稿サイトを含む "ソーシャルメディア系サービス／アプリ等" の利用者の割合は，6〜12歳が24.1％，13〜19歳が80.5％であった。ちなみに，インターネット利用内容としては，高校生では「コミュニケーション」「動画視聴」「音楽試聴」が上位，中学生では「動画視聴」「ゲーム」「コミュニケーション」小学生では「ゲーム」「動画視聴」が上位である。ただ，動画共有・投稿サイトではコメントを通してネット上の人とやり取りができるし，オンラインゲームでもネット上の人とチャット機能を使って会話をしたり，協力プレイをしたりできることから，子どもたちの多くが日常的にインターネット上で誰かとコミュニケーションをとったり，知らない誰かと出会ったりしていると言える。

　子どもたちがネット上でコミュニケーションをとるという行動は，「多様な情報，価値観に触れることで自分の見方・考え方を広げる」「友達と情報を共有することで仲を深める」などのメリットがあり，SNSと上手に付き合うことで自分の生活を豊かにできるであろう。しかし，SNS等の特性についての理解や利用時のルールやマナーといったモラルを身に付けていなければ，危険な目に遭うこともある。事実，令和元年度にSNSを通して事件に巻き込まれた18歳未満の子どもは2,082人で過去最多であった。とりわけ中学生の被害が大幅に増え，全体を押し上げた。また，被害にあった子どものうち「学校でSNSに関する指導を受けたことはない」または「覚えていない，分からない」と答えた子どもは3割を超えており，被害者の約9割がフィルタリングを利用していないという現状であった。

　これからGIGAスクール構想の下，ネットでのやり取りがさらに身近なものになる。現状，SNSに関する指導時間を設定するのはなかなか難しいことと承知している。しかし，もう「待ったなし」である。情報社会の一員としてのモラルを育てるとともに，SNSが持つ「公開性」「記録性」「信憑性」「公共性」「流出性」等の特性や，メディアを介したコミュニケーションの特性の理解，よりよいコミュニティをどう形成するかといった内容についても，子どもと一緒に考えていくような授業を実施することが必須である。

[参考文献]
・総務省「令和元年度通信利用動向調査」2020年
・警察庁「SNS等に起因する被害児童の現状と対策」2018年

事例編 2
学校づくりとGIGAスクール

平常時にも非常時にも大活躍！学びを止めない・深めるための1人1台端末の活用

千葉県柏市立手賀東小学校校長
佐和伸明

1　学校の概要

　本校は，千葉県柏市東部の手賀沼を望む高台に位置する。明治6年3月に創立された，柏市内で最も歴史のある学校である。児童数は約50名と少なく，柏市内全域からの転入学を認める小規模特認校に指定されている。

　不易と流行を兼ね備えた学校をめざしており，地域の豊かな自然環境を活かした体験学習と，ICTによる学力向上に取り組んでいる。2018年度より1人1台端末環境を整備し，柏市研究指定校や柏市学びづくりフロンティアプロジェクト校，柏市算数科授業力向上事業，パナソニック教育財団実践研究校（2019年度）など多くの研究指定を受けている。

2　学力向上をめざす平常時の活用

　柏市では，全学年で全国学力・学習状況調査（以下，柏市学力調査）を行っている。毎年，同じ問題を出題しているが，算数科における過去5年間の結果を見ると，つまずいている問題は全く変わっていないことが分かった。例えば，「教科書のおよその面積はどれぐらいか」という量感を問う問題や，「この直方体の展開図はどれか」といった図形領域の正答率は，毎年とても低い。教師は熱心に指導をしているはずなのに，できない問題はずっとできないままなのである。

　そこで，本校ではデータに基づく授業改善を行うことにより，これまで子どもがつまずいていた単元や，内容のつまずきを解消することで，学ぶ意欲と学力を向上させることを目的とする研究を行ってきた。そのための手段として，1人1台端末の活用を図ってきたのである。

　課題の改善に向けては，「PDCA」サイクルが大切と言われるが，これまでの授業研究で弱かったのは「C」の部分であろう。教師は綿密に計画を立てて授業をするものの，その結果がどうであったかをあまり検証することはできていなかった。それは，評価の基準がはっきりしていないためではないか。つまずきが分かっているのであれば，それがどう

変容したかということを，学級全体の正答率および個の理解度から評価するということが可能となる。そこで「PDCA」サイクルに，先に述べた学力調査の分析（R：Research）を加え，「R-PDCA」サイクルで研究を進めることにした。具体的には，下の**図1**のとおり，子どもたちがつまずく問題を調べ（R），なぜできないのか，どうすればできるようになるのか仮説を立てて授業を計画する（P）。そして，その計画に基づいて授業を行い（D），つまずきを解消できたかを類似問題でチェック（C）し，その結果を考察して授業を改善(A)するというサイクルで授業改善を行ってきた。

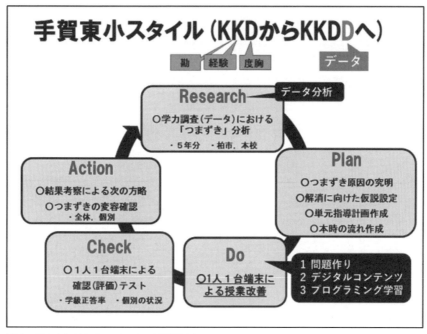

図1　R-PDCAサイクルによる授業改善

　授業改善を図るための1人1台端末活用の基本パターンを下記の3つとした。つまずき原因の分析により，いずれかのパターンを選択して授業を実施した。
○端末による問題づくりを通した協働学習
○デジタルコンテンツによる試行錯誤
○思考力を育むプログラミング学習

　右の**図2**は，本校を2020年3月に卒業した学年の柏市学力調査結果を柏市全体と比較したものである。1年生から6年生までの6年間，途中の転出入を除いた同一集団である。

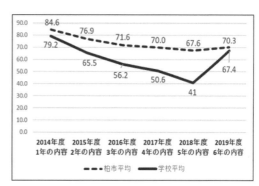

図2　2014年度入学学年の学力調査結果

2019年4月の6年生進級時は，柏市平均正答率と26.6ポイントもの差があった。6年生からは1人1台端末環境を整備し，3つの基本パターンで授業改善を行ったところ，わずか1年間で，柏市平均とほぼ同等（2.9ポイント差）の結果まで引き上げることができた。算数の授業で，1人1台端末を利用し，思考したり，表現させたりする活動が多くなったことが，柏市学力調査結果の向上に表れたものだと考える。

3　臨時休校中のオンライン授業

(1)　休校時のオンライン授業の必要性

休校措置中に，オンラインを活用する目的は，大きく2つ考えられる。

1つ目は，子どもの健康状態を把握することである。休校の目的自体，子どもの命や健康を守ることなので，健康観察は最も重要な仕事だと言える。そこで本校では，まず，「オンライン朝の会」を実施した。子どもの顔を見て健康状態を観察し，声かけをすることで，教師にも，子どもにも安心感をもたらした。顔を見て話ができること，これこそが，オンラインの最大のメリットだと言える。

2つ目は，子どもの学びを保障することである。長い休校の間，多くの学校や教育委員会が，学習プリントを配付したり，授業動画コンテンツを配信したり，デジタルドリル教材を用意するなどした。それぞれ効果的な方法ではあるのだが，これらの共通した課題は，指導と評価の一体化を図ることの難しさである。教師がねらいをもってプリントや動画をつくっても，実際に子どもたちは取り組んだのか，できるようになったのか，等の状況を見取り，個別指導や評価につなげることは難しい。「やらせっぱなし，見せっぱなし」になってしまうことが心配される。

これに対し，同時双方向型のオンライン授業は，リアルタイムで子どもの顔を見て授業を行うことができる。課題や資料を提示して説明したり，子どもたちに話し合わせたり，ワークシートやノート等を確認したりできるのは，学校での授業と同じような感覚であろう。オンライン授業では，この同時双方向の特色を生かし，指導と評価の一体化を図る授業をデザインすることが求められる。

本校では，2020年4月中旬より，全学年で「オンライン授業」を，毎日2時間実施した。学校での時間割は，5～6時間あるが，2時間に設定したのは，学校での対面の授業より子どもの負担や疲労が大きいこと，午後は自主的な学習を行う時間を確保することで，自ら学ぶ意欲と習慣を育てたいと考えたからである。

(2)　休校時のオンライン授業の実際

先に述べたように，本校は，2018年度から1人1台端末環境を実現している。そこで，

オンライン授業には，学校で使っている端末を家庭に持ち帰らせることにした。家庭の端末を使った場合，機器やアプリケーションの状態がまちまちであるため，つながらないとか，操作方法が分からないといったトラブルが発生した場合，支援が行いにくい。普段から学校で使っている端末であったので，子どもも教師も戸惑いが少なかった。

オンライン授業を行うためには，端末に加え，カメラとマイクが必要である。本校で教師用に配付されている端末には，それらがついていなかったが，臨時休校期間はリモートワークが盛んになったこともあり，カメラやマイクを入手することが困難であった。そこで，書画カメラを代用することにした。カメラの向きを変えやすく，細かいものまで鮮明に映すことも可能で使い勝手がよいことが分かった。

授業スタイルについても検討した。学校での授業は，教師が黒板の前に立ち，書き込んでいくことが一般的である。オンライン授業をこの方法で行うと，画面に映っている子どもの顔が小さく，表情が分かりにくいという課題があった。大型のディスプレイを設置するという方法もあるだろうが，本校では，小さいホワイトボードを用意し，書画カメラを下に向けて黒板代わりにした。これによって，教師は座ったまま画面を見ながら授業ができ，黒板まで移動する無駄な動きもなくなった。また，板書の文字も見やすくなった。

オンライン授業では，学校の授業と同じ教材を利用することが可能である。子どもにはノートやワークシート，ドリル等を用意させ，端末のカメラの向きを変えさせれば，書き順や内容について，その場で評価することもできた。

⑶ オンライン授業の評価

4月中旬から5月いっぱい，入学前の新1年生も含めて全校で約1か月半のオンライン授業を実施したことに関して，子どもと保護者，教師にアンケート調査を行った。

子どもたちへの「休業中にオンライン授業が必要だと思ったか」という質問に対して，「そう思う・どちらかというとそう思う」が100％という結果であった。「オンライン授業で学習内容を理解できたか」という質問に対して，「そう思う・どちらかというとそう思う」は98％という結果であり，高評価を得られた。

図3は，「オンライン学習で学力がつくと思うか」という質問に，教師と保護者が答えたものである。「そう思う・どちらかというとそう思う」と回答した教師は100％なのに対して，保護者は65％という結果であり，教師と保護者では，捉え方にズレが生じていた。「わからない」と回答した保護者が31％いることから，子どもたちにどのような力がついたのかについて，学校として説明する責任を感じている。

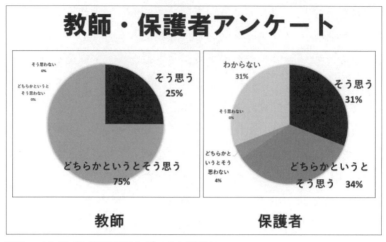

図3　オンライン学習で学力がつくと思うか

4　学校再開後のオンライン授業

　学校が再開しても感染症が収束していない「ウィズコロナ」の段階や，感染症が収束した「アフターコロナ」の段階において，授業や生活様式に，どのようにオンラインを取り入れることができるのであろうか。

　まず，授業について考えたい。2020年度より小学校で全面実施された学習指導要領では，「主体的・対話的で深い学び」が重視されている。しかし，再開後の学校は，子どもたちを密にしないため，ペアやグループでの話し合いを思うように取り入れることができない。これでは，教師主導の一斉型授業に逆戻りしてしまう。そこで，授業の一部にオンライン学習を位置付けることが考えられる。Zoomの「ブレイクアウトルーム」等の機能を利用すれば，教師が設定したグループ内でオンライン上の話し合いが可能となる。本校では，対面型の授業でも，必要に応じオンラインによる話し合いの場面を設定している。

　また，学校再開後に活動が難しくなっている音楽の歌唱や楽器演奏，体育での運動などについても，マスクをしないで実施できるなど，オンライン学習だから可能な授業がある。

　授業には外部講師を活用することも多い。これまでは学校に来てもらっていたが，オンラインなら移動の時間や交通費もかからず，学校にとっても，外部講師にとっても負担を軽減することができる。その分，指導してもらう回数を増やすことも考えられるだろう。

　反対に，教師が端末を持って校外に出向き，教室にいる子どもとつなげることもできる。農家や消防署など，現地の様子をリアルタイムで送信し，双方向で質問などができたことは，子どもたちの移動時間の節約になり，学習時間の確保につながった。

　個別支援においても，オンラインのメリットを感じている。今の学校は，休み時間や放課後に特定の子どもを残して指導するようなことは行いにくい。周りの子どもの目もある

し，教師も放課後の時間を確保しにくいためである。そこにオンラインを使うことで，家庭に帰っても支援を継続することができるようになった。

　長い休業期間中，1年以上不登校だった子どもがオンライン学習には毎日参加していた。しかし，学校が再開された後は，登校できない状況に戻ってしまった。そこで再開後も，その子どもに対しては，教室と家庭をオンラインでつないでいる。このような不登校の子どもや，怪我・病気等何らかの事情で登校ができない子どもに対しても，学校以外の場所で学ぶ機会を提供することができる。

　次に，子どもたちのつながりや所属感を高めるための活用である。学校行事や集会等で，全校児童・生徒が集まることができなくなっている。そこにオンラインを取り入れている。本校では，入学式に全校児童をオンラインで参加させた。校長は対面で，児童会長はオンラインでお祝いの言葉を述べ，対面とオンラインを融合した学校行事となった。毎月の全校集会や表彰など，体育館や校長室等と各教室をつなぐことで，これまで行ってきた活動を継続させることができている。

　最後に，保護者や地域との連携である。先ほど述べた入学式などは，当日会場に来ることができない家族や親戚，来賓などにも参観してもらうことができる方法となる。また，毎年行っている食物アレルギーに関する面談や，学期末の個人面談等についても，オンラインで実施することで保護者の負担を軽減することができた。

5　1人1台端末によるこれからの学校

　「1人1台端末環境で学ぶことで，本当に学力は向上するのか？」という疑問に対し，将来必要とされる資質・能力や学びに向かう力の育成といったものだけでなく，日常的な教科学習においても学び方が変わり，学力が向上していく姿を，エビデンスベースで語ることが必要であろう。

　また，教育活動全般にオンラインをどう取り入れていくかも問われてくる。休校中においては，同時双方向型のオンライン授業が求められる。学校が再開しても感染症が収束していない「ウィズコロナ」の段階においては，教師による対面指導にオンラインを融合した授業が求められる。また，感染症が収束した「アフターコロナ」の段階では，家庭や地域等と連携したオンラインの活用が求められるであろう。いずれにしても，これまでどおりの学校ではない。1人1台端末環境を利用した授業改善と，オンラインのよさを活かした新しい授業や学校様式を創造していきたいと考えている。

未来を拓く道具の入った「た・ま・て・ば・こ」
一歩前へ！新しい学校・新しい生活様式における
１人１台端末の活用

兵庫県姫路市立豊富小中学校教頭
井上幸史

1　未来を拓く，新しい道具がやって来た！

　令和２年９月14日，GIGA スクール構想の一環として
の１人１台端末（Chromebook）の整備が完了
した。導入から２か月経った11月中旬現在，１年生
～９年生全ての学年・様々な場面での活用が進んでい
る。

　届いたのは，モノではなく夢と未来。以下，本校の
ICT を活用した取組についてイメージキャラクター
「とよぽん」の案内も交えながら紹介したい。試行錯
誤しながら一歩ずつ歩んできた等身大のエピソード
が，これから実践を進める学校や先生方の参考になれ
ば何よりである。

とよぽん
豊富小中学校イメージキャラ
クター。2016年，豊富中学校
生徒会の発案により誕生。義
務教育学校開校に際しおでこ
のマークがTになった。学校
図書館と給食が大好き。

2　蔭山の地に新しい学校として開校

　兵庫県姫路市豊富町は姫路市の北東部に位置する里山と
里川に囲まれた自然の豊かな地域である。本校は，令和２
年４月１日，隣接する豊富小学校と豊富中学校が１つにな
り，９年間をつなぐ施設一体型の義務教育学校「〜蔭山の
里学院〜姫路市立豊富小中学校」として開校した。通称名
を「蔭山の里学院」としたのは，古来より豊富校区を含む
地域が「蔭山の里」と呼ばれていたこと，我が国において
は，人々が集い学ぶ場を「院」と呼んでいたこと等に由来
する。児童生徒数は779名。教育課程上は小学校にあた
る前期課程（１年生〜６年生）と中学校にあたる後期課程

図1　学校グランドデザイン

（７年生～９年生）が，新しい学校で学びを深めている。

学校ホームページの「学び・くらしの風景」は，学校再開直後の６月16日から公開を開始しました。素敵な写真とともに学校や地域の魅力を発信している，地域コーディネータのＹ先生に新しい学校の雰囲気を聞いてみるね。

新しい生活様式の中で制約も多いですが，先生たちがいろいろと工夫をして新しい形の学びが進んでいるのを感じます。また，同じ校舎の中で１年生～９年生の先生や子どもが自然に交流しているのがすごく魅力的ですね。全校で進めているICT を活用した学びについても，「学び・くらしの風景」の取材を通じて，美しい自然や地域の温かさとともに紹介していきます。ぜひ沢山の方に見ていただきたいです。

Ｙ先生

本校の前身である姫路市立豊富小学校・中学校においては，2016年度から2018年度の３年間，隣接する豊富幼稚園とともに「自立した消費者の育成」をテーマに消費者教育研究を進めてきた。現在も「エシカル消費とSDGs」をテーマに取組を継続している。また，2018年度からは学校図書館を学びの中心に据えるとともに，「新聞をつくるとつかう」をコンセプトにNIE（教育に新聞を）を推進，情報を活用し他者と関わりながら疑問や課題を解決する「調べる力」の育成に取り組んできた。これらの実践から得た知見を「学校グランドデザイン（図１）」及び「豊富小中学校ブランドカリキュラム（図２）」に反映し，義務教育学校としての特色ある教育活動へとつなげている。

なお，ICT の活用は学校教育目標である「変動する社会の中で自己を実現できる人材の育成」において基盤となる取組として位置付けている。

図２　ブランドカリキュラム

１人１台環境になる前から，「調べる力」を育成する取組を進めていた豊富小学校と中学校。この経験が，新しい学校になってもつながっているんだね。

3 活用の日常化をめざして

⑴ 小中一貫した ICT 環境

　姫路市では，GIGA スクール構想以前から教育の情報化を力強く推進しており，市内全ての小中学校に統一した ICT 環境が整備されている。これは，義務教育 9 年間の学びと育ちをつなぐ本市の小中一貫教育と連動した取組の一つである。各教室には常設 ICT（電子黒板・教材提示機）があり，教員による教材の提示や資料の共有，児童生徒による表現活動等が手軽にできる。

　また，各校一定数の端末は 2019 年 12 月のリプレースにより Chromebook となり，校内 Wi-Fi 整備と併せて場所を選ばず活用できる環境となった（本校の前身である豊富小学校・中学校両校では，特に「調べる力」の育成と関連して，児童生徒によるプレゼンテーションやクラウド上での新聞作成など，主に知識や情報を再編集し表現する活動に Chromebook を活用してきた）。

写真1　小中一貫したICTの活用

　なお，本市では統合型校務支援システム・学校ホームページ（CMS）・クラウドサービス（office 365）等の校務環境も標準化。教員用 1 人 1 台端末も早くから整備されており，現在はこの端末を教室に持って行き教育用ネットワーク（Wi-Fi）に切り替えて接続し，授業等で活用している。

図3　ICT環境イメージ図

　GIGA スクール構想による整備では，これらの基盤に 1 人 1 台端末・児童生徒アカウント等が活用できる環境が整った。数年前と比べると夢のような環境である。新しい時代の学びの実現に向け，環境整備や運用に尽力されている全ての方々にも想いを馳せて，姫路市のめざす「日常的な活用」に向けた取組を進めているところである。

⑵ 活用日常化へのステップ〜とよぽんの自転車モデル〜

　この度の整備により，児童生徒がアクセスできる情報が飛躍的に増え，資料共有や同時編集・遠隔交流など創造的に ICT を活用できる環境が整った。また，ドリル学習ソフトの活用など，個に応じた学びの在り方も大きく変わりつつある。

　整備完了から約 2 か月。「活用の日常化」をめざし，現在は教員が機能を体感しながら

学習や生活の中で児童生徒の活用場面を拡げている段階である。また，係活動やクラブ・委員会・生徒会活動などの特別活動や休み時間など，いわゆる授業時間以外での活用も進んでいる。何より，「資格情報としてのアカウント」が児童生徒へ付与されたことは，学びの環境としてだけではなく市民性を育む上でも大きな意味を持つ。

さて，本校での実践を基に，活用の日常化に向けたステップ例を右図のようにまとめてみた。活用の日常化とは，児童生徒自身が道具として自由に活用できること。だからといって急激な仕組みの変化や児童生徒への活用の丸投げなど，無理な運用では決して長続きはしない。

最初はログインすることだけが目的でもいいと思う。道具として手になじむよ

図4　とよぽんの自転車モデル

うになるまでは，効果的な活用場面ばかりを意識しすぎず，使いながらテクノロジーの機能を体感することをお勧めする。後ろから押していた自転車の手を自然に離していくように。姫路市全体の運用方針に準じながら，「活用を委ねる」段階へ向けて確実に進めていきたい。

研修担当もされている1年生のY先生と8年生・英語科のT先生に聞いてみたよ。1人1台の端末を学習等で活用することには不安はなかったですか？

よく聞いてくれたね，とよぽん。1人1台になるって聞いたときは，「私にもできるかな？」とちょっと不安だったけど，1年生の子どもたちもすぐに慣れて自由に使っています。研修担当としても特別なことはしていませんが，どの学年・どの学級も活用しているのでお互いに情報を交換しながらみんなで一歩ずつ歩んでいるイメージです。
これから始める先生も，きっと大丈夫ですよ！

Y先生

なるほど。いろいろと心配するより「まずはやってみたらいいよ」ということだね。「習うより慣れろ」という諺もあります。

そうだよ，とよぽん。8年生も，自分たちでどんどん使い方を見つけながら活用しているので，学年の先生たちと「子どもたちってすごいなあ！」と話をしています。今，6年生と一緒に英語の学習をしているのだけど，前期課程の子どもたちがスライドの同時編集など，自由に使いこなしているのを見て大きな刺激を受けています。
ICTが得意じゃなくても，ゆっくり・じっくりと子どもたちと一緒に成長していけばいいと思いますよ。

T先生

事例編／学校づくり　兵庫県姫路市立豊富小中学校

113

職員室でよく聞こえてくるのが「試してみよう」「子どもたち，こんな方法を見つけているよ」「それ，どうやるん？」などの会話である。全校で取組を進めていると，雑談やつぶやきから実践的な情報共有が日常化する。本校では教職員間のコミュニケーションツールとして Teams も活用しており，オンライン上でも事例やノウハウの蓄積が進んでいる。また，学校ホームページでも継続して取組を公開しており，保護者や地域・他校への情報発信とともに実践の記録としての役割も果たしている。研究

写真2　職員室後方に掲示の活用事例。少しずつ蓄積が進んでいる

内容も「とよぽんの学びサイト」において随時更新している。ぜひ，一度ご覧いただきたい。

(3)　これまでの歩みを形に〜リーフレットにメッセージを込めて〜

ここで，本校が作成したリーフレット「クロームブックがやってきた！」を紹介したい。このリーフレットは，活用の日常化に向けた目的やイメージを児童生徒や保護者と共有するために作成した。1人1台端末整備の背景やめざす学びの姿，テクノロジーと関わる上で大切なポイント等を記載している。本校教職員の実経験を基に「導入初期編」として整理しているので，これから始める学校や一歩を踏み出そうとされている先生にも参考にし

図5　リーフレット「クロームブックがやってきた！」

ていただけると思う。なお，年度末には，活用事例を含む「新しい学び」の具体を記載した「実践編」を作成予定である。

⑷　一歩ずつ進めてきた歩み〜臨時休業中，そして新しい生活様式の中で〜

前述のとおり，本校はコロナウイルス感染症による臨時休業が長期化する中での開校となったが，ホームページ・一斉メールを中心にした情報発信を継続した。教職員も全員が集まる機会が限られていたが，様々なオンラインツールにより情報共有し，新しい学校の基盤づくりを進めた。4月下旬の姫路市からの児童生徒の1人1アカウント（G Suite for Education）付与後は，限定公開の内部サイトやオンライン会議システム等を活用。分散登校時の学校での様子もホームページや内部サイトを使った情報共有を続けた。このときの手応えや挑戦，知恵を出し合い試行錯誤した経験が，後の学校再開そして1人1台環境になったときに生きることとなった。

VUCA（Volatility：変動性，Uncertainty：不確実性，Complexity：複雑性，Ambiguity：曖昧性）と呼ばれる時代の中，私たちを取り巻く社会環境の複雑性がいっそう増し，将来についての予測が困難な状況が続いている。「こんなとき」だからこそ，一歩前へ。活用の日常化に向けた歩みを続けていきたい。

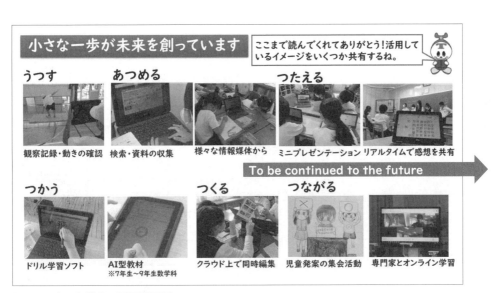

図6　1人1台端末の活用場面例

「地域とともにある学校」として開校した豊富小中学校。
子どもたちや先生たちのアイデアや挑戦，そして地域の皆様の応援により少しずつ新しい時代の学びが形づくられているのを感じています。
私たち一人ひとりが未来を創る当事者。これからも，前例にとらわれない「ナイストライ！」を大切にしたいと思います。

学校長
山下雅道

2040年代 Society5.0 時代にリーダーとして活躍できる人材を育成する「世界のあしたが見える学校」の実現

茨城県つくば市立みどりの学園義務教育学校校長
毛利　靖

1　2年前に普通の公立学校として開校し、世界最先端 ICT 教育をめざす

　みどりの学園義務教育学校は，沿線開発による人口増加により，平成 30 年 4 月に隣接の小中学校から分離し開校した，普通の公立学校である。つくば市の中心部にある筑波研究学園都市から遠く離れ，最南部に位置する住宅地と農地が広がる地域にある。

　私は，初代校長として赴任することになった。校長には，人事権や予算権がなく，教育委員会から配属された人員と配当された予算で学校運営を行わなければならない。特に公立学校は公平性が必要とされるため，子どもの人数に応じた人員と予算が平等にあてがわれるため，一見，誰が校長になっても同じ学校経営しかできないように見えるが，そんな状態でも，どの学校も特色ある教育活動を行おうとしている。それは，校長として唯一，権限が与えられていることが「グランドデザイン」を描くことだからである。

　幸い初代校長であったため，これまでの教育方針や慣習に囚われることなくグランドデザインを描くことができた。その内容は，世界最先端 ICT 教育・つくば次世代型スキル・SDGs 持続可能社会の実現・伝える英語教育・問題解決 STEAM 教育・小中一貫教育などである（**資料1**）。普通の公立学校ではとても実現できない内容に思うかもしれないが，口に出してめざさなければ絶対に実現できないのである。しかし，本校の先生方には，この目標を無理に強いるのではなく，先生方も楽しみながら取り組んでほしいと考えた。なぜなら，本来，このグランドデザインに掲げた教育は，難しいものではな

小中一貫教育	つくば次世代型スキル	SDGs持続可能社会の実現
義務教育9年間を 4-3-2 制とし，系統的なカリキュラムで健やかな成長 ○縦割り活動思いやりの心 ○9年間系統的な教科カリキュラム開発と学力向上 ○5～9年教科担任制，専門的な学習，多教師対応	予測不能な社会がすでにやってきている。そうした時代でも迅速に対応し夢と希望ある豊かな社会を創造できる人間の育成 ○問題解決能力の育成 ○遠隔オンライン学習 ○ICT活用スキル習得	様々な課題を自らの問題と捉え，持続可能な社会の担い手の育成 ○国際平和デー集会 ○環境IEC運動の推進 ○グローバル教育の推進 ○夢を育むキャリア教育 ○人権教育の推進
世界最先端ICT教育	積極的な生徒指導	伝える英語教育
情報活用能力の育成と学力向上としてのICT活用 ○1人1台環境での活用 ○先進ICT教育「7C学習」 ○全学年プログラミング教育 ○遠隔オンライン学習 ○大型提示装置，デジタル教科書でわかる授業	教師が一人一人を理解し，みんなが笑顔あふれる充実した学校生活 ○一人一人に応じたわかる楽しい授業の創造 ○多教師での子供の見取 ○不登校や，いじめの未然防止とアンケート活用	外国語の音声や基本的な表現に慣れ親しみ，コミュニケーション能力の育成 ○1年生からの英語活動 ○3，4年35時間 ○5，6年生50時間 ○7～9年生英語でプレゼンテーション
問題解決STEAM教育	幼児小中高大連携接続	特別支援教育
科学・ロボットのまちつくばならではの教育展開 ○筑波大学，筑波学院大学との連携 ○研究機関やロボット企業等との連携 ○芸術，ロボットプログラミング教室の開催	幼稚園，保育所との「アプローチ・スタートカリキュラム」共有による小1プロブレムの解消 ○高校大学連携，専門的学習を推進，将来の夢（わくわくエンジン）に火をつける機会の創造	一人一人を理解しそれに応じたカリキュラムを開発した教育展開 ○9年間を見通した教育 ○UDを活用した授業 ○コーディネータを中心としたチーム援助 ○ICT機器の効果的活用
健康・安全教育	考え、議論する道徳	コミュニティスクール
健康とからだは自分で守る自己管理能力の向上	いじめに正面から向き合う「考え 議論する道徳」へ	学校と保護者や地域の方々が一緒に協働しながら子供

資料1　みどりの学園グランドデザイン

く，楽しくワクワクする学習だからである。以下に，これまで全職員で取り組んできた実践を紹介する。

2　みどりの学園の ICT 環境

⑴　2in1 端末と保管庫

　本校で導入されている PC は，Windows 2in1 端末で，スペックは GIGA スクールで示されているものと全く同じである。GIGA スクールのスペックが低すぎるのではないかという議論があるが，本校程度の利用では問題なくできるので，そこに議論を集中させるよりもどのように利用するかが重要だと考える。端末は保管庫に収納し，児童生徒が自由に利用できるようにした（**資料2**）。

資料2　端末保管庫

⑵　大型提示装置

　全ての普通教室と特別教室（理科室，音楽室，多目的室）に液晶 65 〜 70 インチの大型提示装置を導入している。教師用校務 PC とつないで，日常的にデジタル教科書を活用している。また，児童生徒用 PC とつないで，児童生徒の考えや学習成果を投影し，授業改善に生かしている。

⑶　高速無線 LAN

　体育館を含む全校舎を 1G 光ファイバーで結び，無線 LAN が活用できるようになっている。そのため，端末は，いつでもどこでも利用できる環境にある。

⑷　AI ドリル

　つくば市の予算で，各学校とも，学校でも家でもできるオンライン AI ドリル「インタラクティブスタディ」が自由に利用できる。小1から中3まで7万問収録されており，自分のペースで学習できる。コロナ休校時においても家庭から多くの児童生徒が活用した。

⑸　教育用グループウェア

　つくば市では，クラウド型の教育用グループウェア（スタディノート10）を導入している。これは，問題解決学習場面において，児童生徒が課題を見つけ・まとめ，そして，プレゼンしたり，掲示板を使って他の教室や学年の児童生徒と思考を深めたりすることができる。また，アクティブ・ラーニングにおいて教師が提示した課題を，児童生徒の端末

117

に配信し，児童生徒はその課題を解いたものを教師に送信し，教師は児童生徒から送信されたものを基に，対話し深い学びを行うというものである。

⑹ 指導者用デジタル教科書

　各普通教室に設置された大型提示装置を使って，日常的にデジタル教科書を使っている。読み上げ機能や動画，資料などが豊富にあり，楽しい学習を実現している。

3　1人1台端末で実現した楽しくワクワクする学習の様子

⑴　グループウェアを利用した小学4年生「社会」での1人1台端末活用の学習

　小学4年生の社会科の単元「ごみはどこから」では，1人1台環境を生かして「未来のゴミ箱を考えよう」というSDGsの学習を行った。はじめに，家から出されたゴミはどのように収集されるかを学習し，その課題を基に，児童一人ひとりが自分で「未来のゴミ箱」を考える学習を行った。ここで活用したのが，グループウェアの「スタディノート10」である。このソフトウェアは，教師から児童一人ひとりに配信されたノートに，それぞれが自分の考えを描き，出来上がったものを教師に送信し，教師は，送信されたものを基に思考を深めていくというものである。この学習で児童たちは「自ら移動するゴミ箱」「AIを活用して自動分別するゴミ箱」「渋滞しらず空飛ぶ収集車」「ロボットが集めてくれるゴミ箱」（**資料3**）など創造的な発想が生まれた授業となった。この学習のよい点は，これまで，紙のノートに記入していたときは，よい考えだったとしても手を挙げなければそれで終わりだったが，このグループウェアでは，全ての児童の考えが教師に送信され大型提示装置に表示されるため（**資料4**），普段，手を挙げる勇気のない子どもたちの素晴らしい

資料3　一人ひとりがアイデアを描く

資料4　集約された考えを基に話し合い

意見を取り上げることができたことである。こうした学習を普段から行っていると，コンピュータを使わないときも自分の意見を発表できる児童が増えるなどの効果も見られるようになってきた。また，このグループウェアは，クラウドを活用しているため，何らかの

理由で学校に来ることができない児童であったとしても，家庭から授業に参加することができる。このグループウェアで行っていた学習で，担任の先生が「校長先生，ちょっと来てください。不登校の子供がスタディノート10に入っています」と嬉しそうに話してくれた。

(2) AIドリルを利用した小学2年生「算数」での1人1台端末活用の学習

知識を習得するスピードは，人によって違う。これまでの一斉学習では，習得が速い児童生徒は授業中にやることがなくなり飽きてしまっていた。また，習得のゆっくりな児童生徒は，理解できないまま学習が進んでしまうこともあった。そこで，つくば市では，学校でも家庭でもインターネットさえあれば利用できるクラウド型AIドリル「インタラクティブスタディ」（資料5）を導入してきた。本校でも積極的に活用し知識の定着など学力

資料5　AIドリルを活用した算数の授業風景

の向上に役立ててきた。このAIドリルの概要であるが，小1から中3まで約7万問が収録されている。そして，市内の小中学生であれば，自分の学年だけでなく，得意な教科は，上の学年のものを行ってもいいし，苦手な単元は下の学年に戻って行ってよいことになっている。いわば，自分のペースで学習し完全習得学習をめざせるソフトウェアとなっている。内容は，まず，その単元の10問の問題が出題され，どれくらい理解しているのかをチェックし，正答数が多い場合は発展問題に進み，そうでない場合は基本問題に戻ったり，ヒントが出たりするようになっている。また，不正解が多い場合は「先生をよぼう」という画面が出て，先生が来ないと適当に進めないようになっている。また，回答までに要した時間や正答数，理解度などが教師の画面に表示されるようになっており，一人ひとりの理解度や進度状況が把握できるようになっている（資料6）。小学2年生の教室で，この学習を行っていたため，児童に授業の様子を聞いてみた。「チャレンジングスタディは楽しいです。普段は中1の基礎の英語をやっています」という答えが返ってきて驚いた。その話を聞いていた周りの児童たちも「私も2年生の算数もう終わったよ」「僕も2回目だよ」と自信満々に話してくれた。

NO.名前	開始画面	累計				
		問題数	得点	配点	得点(%)	時間(分)
牛	発展問題	41	90	140	64	6
日	発展問題	22	135	140	96	3
日	発展問題	22	135	140	96	4
前	発展問題	18	140	140	100	1
青	発展問題	48	85	140	60	10
勺	発展問題	45	75	140	53	19
本	発展問題	45	75	140	53	15
日	発展問題	27	110	140	78	6
買		42	80	140	57	10
村1	発展問題	22	135	140	96	2

資料6　AIドリルの学習状況把握画面

今年度は，コロナで休校となったときにも児童生徒は家庭でAIドリルを行っていた（**資料7**）。なんと，今年入学した小学1年生の多くも行っており，学校の進度以上に進んでいる児童も見られ，個別最適化学習の一つとなっている。

資料7　家庭で行っているAIドリル

⑶ グループウェアでコミュニケーション力を高める
中学生「英語」での1人1台端末活用の学習

英語は，本来，楽しくコミュニケーションするためのものであるはずであるが，受験英語になってしまい，覚える学習に偏ることがあった。しかし，本校の英語科教員は，コミュニケーションをとても重視しており，赴任直後から端末を使ったコミュニケーションを行っている（**資料8**）。2人組になり，自分のお気に入りや夢を英語で話す。そして時間になったら，ペアを交代する。だから，ずっ

資料8　楽しく英語でコミュニケーション

と話しっぱなしである。はじめは20秒も続かなかったが，年度末には2分経ってもずっと会話している。そんな楽しい学習も1人1台あるからこそできるのである。

⑷ SDGsをSTEAMで実現する
小学6年生「総合」での1人1台端末活用の学習

総合的な学習の時間は，児童生徒がそれぞれに問題意識を持って課題を設定し，その解決のために活動し，成果を発信する問題解決型学習である。しかし，これまで教師が全員の教材を用意することなどできるはずもなく画一的な学習になることもあった。本校では，1人1台環境を利用して児童が主体的に課題を設定し，端末で自ら思考しながらプログラミングで解決しようという「SDGs　プログラミングで地球を救おうプロジェクト」を行っている。1人1台であるため「マインクラフトで,環境に優しい未来の家を創ろう」「ドローンで人命救助しよう」「SDGsの説明をロボットで低学年の児童に伝えよう」「マイクロビットで災害時に使える救助信号をつくろう」「スクラッチで環境クイズをつくろう」など様々な取組を行うことができた（**資料9，10，11**）。

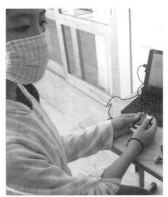

資料9，10，11　マインクラフト，マイクロビット，ロボホンを自在に活用する児童

4　先生も子どもたちも変わる ICT の活用をしよう

　みどりの学園では，2年前に開校した4月に民間テストを実施した。その結果，どの学年も平均程度であったが，2年目には大幅にアップした。これは，ICT 活用だけの成果とは言えないかもしれないが，児童生徒アンケートでは「コンピュータを使った授業は楽しい」「プログラミングをもっとやりたい」「勉強ができるようになった」などの回答が90％以上となるなど，ICT を使った授業改善がやる気につながっていると考える。今年度，GIGA スクール構想で，各学校に1人1台の端末が導入される。それに対して，「どう使ったらいいか分からない」「研修もしていないのにどうしよう」「負担が増えるのではないか」などのマイナスな意見が駆け巡っている。しかし，心配することはない。そんな難しいことをしなくてもよいのである。今，先生方が実践している授業の中で「もっとこうしたらいい授業になるのに」というところに使えばいいのである。それから，初めて利用する教育委員会や先生のためには，すでに「文部科学省の情報教育サイト」「本書のような実践事例」にたくさん実践がある。それを「まねる」ことである。そして，自校にちょっと ICT に得意な人がいたら仲良くし，聞くことが重要である。本校では，みんな他の先生方と相談する。それこそが OJT 研修である。「機器が導入されても先生の研修をしてから使う」という考えは間違いである。子どもと共に先生方も覚えればいいのである。

　本校の先生方のように，ぜひ，先生も楽しみながらワクワクした授業をつくってほしい。

離島を除いて日本一人口の少ない村の挑戦は続く！

高知県大川村立大川小中学校教諭
（大川村教育委員会事務局在籍）　吉田マリア

1　大川村について

　大川村はピーク時には 4,000 人ほどの人口が
あったが，当時の主要産業であった白滝鉱山が閉
鎖，多目的ダムとしては西日本一の早明浦ダムが
建設され主要集落が水没するなど，急速に過疎化
が進行した。2020 年 11 月現在での人口は 380 人。
離島を除いて日本で一番人口の少ない村である。
大川村は，進みゆく過疎を克服しようと地域創生

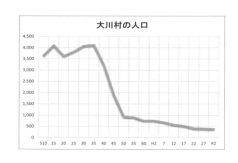

に挑戦し続けている。その一つの手段として ICT の活用が挙げられる。村内全域に無線ネッ
トワークを整備し，インターネット接続，村内放送や IP テレビ電話に活用するなど，
ICT の活用に対する関心と意欲は高い。現在は，村内無線ネットワークをより高速なもの
に更新すべく検討している段階である。学校における ICT の活用についても早くから取
り組み，少人数のハンディキャップを ICT の活用によって克服しようと考えてきた。本
年度は全校児童生徒 27 名という極小規模の小中一貫校ではあるが，電子黒板，モニター，
デジタル教科書や iPad の導入など，高知県内においては先進的であると言える。また，
本校の大きな特色である村外からの留学生の受け入れは，大川村ふるさと留学（山村留学）
制度に拠るところである。すでに 30 年の歴史があり，過疎を克服しようとする村の一つ
の方策となっている。

　大川村立大川小中学校は，施設一体型小中一貫校として 2005 年に統合した。2020 年
度の全校児童生徒は 27 名であり，そのうち小学部では 12 名中 5 名，中学部では 15 名中
8 名がふるさと留学生であり，夏季休業など長期休業中には，地元に帰って生活している。
彼らの地元は広い範囲にわたるため，登校日などを設定することが難しく学習支援・生活
指導が難しい現状がある。また，中学 3 年生になり進路選択を目前に控えるようになると，
学校外での学習により学力のさらなる向上を図る生徒もいるのだが，そのような施設や環
境は，大川村には残念ながら存在しない。

こうしたハンディを克服しようと，学校における ICT の活用についても早くから取り組んできた。しかし 2012 年度に私が着任したときには，電子黒板もないところからのスタートであった。当時の校長に ICT 機器を活用した授業を行うための電子黒板やタブレット PC（以下，端末）の購入を要望したが，予算のこともありすぐにとはいかな

資料1　2012年当時の授業風景

かった。電子黒板が導入されるまでは教室備え付けの小さなテレビに PC を接続しての授業だった。その年の夏に電子黒板 1 台，翌年に 1 台と徐々に整備されていった。その後，iPad が小中にそれぞれ 1 台導入された。しかしながら当時は，端末と電子黒板の授業での活用については，まだまだ教員に浸透していなかったので，実際は自分が担当する教科で指導用に ICT 機器を活用し，その後子どもたちに少しずつ触れさせ，活用させるといった小さな取組から進めていった。

2015 年度より，大川村教育委員会指定第一期 ICT 活用教育推進校として大川小中学校を 3 年間（2015 年度〜2017 年度）指定。また同じく 2015 年度より総務省の ICT ドリームスクール実践モデル事業（以下，DS）の実証校として 2 年間指定され，児童生徒 1 人に 1 台ずつの iPad の配備と，教育クラウドの活用について実証する機会を得た。そして，iPad の持ち帰り学習の実施に向け，家庭ごとに 1 人 1 台の Wi-Fi ルーターの貸し出し（通信料は村が負担）を始めた。こうして大川小中学校は，これまでの ICT 活用教育の実践の上に，ICT 活用教育推進校，DS 実証校として，日々の授業や研究の中で実践，家庭学習としての持ち帰り学習の検証を進めていくことになった。2019 年度からは第二期 ICT 活用教育推進校（2019 年度〜2021 年度）としてプログラミング教育や遠隔授業についての研究をスタートしている。

2　学校での ICT（1人1台端末）活用の様子

(1)　教職員向け ICT 研修

ICT 活用教育を推進していくにあたって，まずは教職員の研修を十分に積むことが必要であった。これまで電子黒板もほとんど活用していなかった先生方にとって，iPad も併せて活用していく授業展開はハードルが高いと感じており，積極的に活用することが少なかった。そこで，2015 年度より放送大学の中川一史先生をはじめ先進校等で活躍されている先生方を講師としてお招きし，指導助言をいただきながら校内研修を重ねていった。

資料2　校内研修　中川先生による講話

また大川小中学校では，ロイロノート・スクール（以下，ロイロ）という授業支援アプリを活用している。ロイロは，子どもたちからの発信を助け，共有，蓄積して，学び合うための教育ICTツールとなっている。またシンプルで使いやすいので，先生方のこれまでの授業にプラスして活用しやすく，新しい双方向型の授業を実現することができる。年度当初に校内研修で模擬体験を行っている。

資料3　ロイロについての講義の様子

また持ち帰り学習に向け，ラインズeライブラリ（以下，ラインズ）の研修も併せて行っている。活用方法については，授業編と持ち帰り学習編で述べることとする。これらの研修を通して，新しく来た先生方も授業や家庭学習の取組でのイメージを持つことができ，思考ツール，表現ツールとして端末を授業や家庭学習で活用することができている。

資料4　ロイロの演習の様子

⑵　1人1台端末学習【授業編】

2015年度より1人1台の各教科での取組が始まった。「まずは大きく見せることから！」自分のプリントに書いた意見等をiPadで写真を撮る。それを電子黒板に表示する。そんな小さな取組から，先生方へ提案していった。その他に，調べ学習にブラウザを使ったり，実験の記録を撮影したり，ラインズなどドリルアプリを使って早く課題の終わった児童生徒は隙間時間に学習をしたりするなどの取組は，端末を授業内で活用するのにスタートしやすい。徐々に電子黒板と端末を使っていくことに慣れてくると，知識を習得するための活用から，今度は自分の考えを発表する表現・発信ツールとして活用されるように変容してきた。今では，端末は学習文房具の一つとして，当たり前のように活用されている。学んだことを発表するために，記録媒体として端末で写真や動画を撮っていき，ロイロやパワーポイント，E-REPORTなど発表するためのプレゼン用アプリを使い分けて，発表内容を子どもたちが作成している。授業では，最初から最後までICTではない。教科書やワークシートを使う場面と，端末を使う場面の使い分けがされている。「必要なときに必要な子どもが使う」といった姿が授業の中で見られるようになっている。

資料5　ラインズ

資料6　ロイロノート

資料7　実験の様子を撮影

⑶　１人１台端末学習【持ち帰り学習編①】

　2015 年度より大川村では，教育クラウドとコンテンツの利用の可能性を見て，児童生徒家庭数分のモバイル Wi-Fi ルーター（使用容量 7G）を用意して，クラウド上のコンテンツを使用する料金を確保し，家庭学習の持ち帰り学習を長期休業中に実践検証することとなった。家庭学習では，ラインズのドリル学習を課題の一つとしての取組を始めた。当初，持ち帰りを実施するにあたって，大きな影響を与えるとともに必要不可欠であったことは，「持ち帰り学習」をするための学習会と，２回の持ち帰り試行であった。家庭学習への持ち帰りについては，いきなり始めるのではなく，試験的な取組の上で，検証し実施していくことが必要である。

　現在，家庭学習としての端末学習は，ラインズのドリル学習を，自分のレベルや復習予習したい教科単元によって自由に学習することを平日最低 10 分間行うことを決めて実施している。その他にも，各教科や学級において，プレゼンを作ってくることや，調べ学習をしてくること等，個別の課題が出ることもある。ラインズは児童生徒がいつどのくらいどの単元を学習したのかを教師が確認することができる。できていないものについては，個別の指導や支援をすることができる。

⑷　コロナによる休校！【持ち帰り学習編②】

　2019 年度末より急激に新型コロナウイルスの感染が広がりを見せ，年度当初には全国都道府県に緊急事態宣言が発令され，学校も休校をせざるを得ない状況となった。その際，これまでの持ち帰り学習を継続しつつ，授業を少しでも進めることはできないかということになった。そこで，これまで授業や家庭学習で活用していたラインズとロイロを前面に活用することになった。特にロイロは双方向のやり取りをすることができる。各学年で時間割を編成し，１時間ごとの課題を設定しロイロで子どもたちが課題を送信し，それに対して教員がチェックし返信するということを実践し

資料８　ロイロを活用したオンライン授業

た。また，ただ教員に回答を送信するだけでなく，子どもたち同士が回答を共有しコメントし合う，学び合いの場面を作っている授業もあった。質問があれば，タイムラインでやり取りを行った。毎朝の体温チェックの結果も送信してくるよう指示した。これまでロイロを積極的に使ってこなかった教員にも必然性が生まれ，全教員がロイロを使ったやり取りをすることができるようになった。また，対面での接触を避けるため家庭訪問も実施できなかったので，FaceTime を使ったテレビ通話を週１回実施し，健康状態や学習内容な

どで困っていることがないかなどの心のケアを行うことも
できた。そして研究推進部からの提案により，今回の取組
を全教員が「在宅・オンライン学習指導レポート」にまと
め，校内研修で共有も行い，お互いの実践を学び合うこと
ができた。また，学校再開後も山村留学生で他県から帰省
できなかった生徒もいたので，Zoom でつないで支援を
行った。これに関しては，校内で貸し出ししている Wi-Fi
ルーターでは使用容量の 7G をあっという間に超えてしま
うという問題があったので，保護者の協力を得て家庭の
ネット環境につないでもらう必要があった。

資料9　FaceTimeでのやり取り

　これらの取組をしていく上で欠かせない存在となってい
るのが，ICT 支援員である。2015 年度より ICT 支援員が
常勤で配属されている。毎日学校にいるので，授業の際な

資料 10　Zoomで授業を発信

ど，様々な場面でトラブルが起きたときの対応をしていただいている。授業に向けてこん
なことはできないだろうかといった教員の相談，それに対する助言や支援などハード面，
ソフト面において継続的な支援がなされており，教職員の負担軽減にもなっている。

3　これから実践しようとする学校へ

　GIGA スクール構想により，1 人 1 台端末による
学習が全国で始まろうとしている。これまで端末が
導入されていない学校にとっては，管理の問題やど
のように授業を展開していけばよいのか，と悩んで
いることが想定される。本校においても，端末導入
にあたっては，全教職員が積極的に取り組むように
なるまでに，何度も研修を積み重ね，実践していく
中で問題が発生することもあり，その度に教職員で
検討し改善していくことで今日に至っている。**資料**

資料 11　iPad校内貸出のルール（抜粋）

11 は「iPad 校内貸出のルール」の一部である。家庭での持ち帰り学習については，教師
の管理の目が届かないため，否定的な考えを持つ教職員の方が多いかもしれない。「iPad・
Wi-Fi ルーター貸出（家庭学習）ルール」を配布して，保護者への協力もお願いしている。

(1)　実施にあたってのリスクと対策【教員のスキル】

　大川小中学校は，ICT 活用への理解の深い自治体と教育委員会の下，ICT を活用した教
育についての研究指定も受けて取り組んでいるが，全職員が同じレベルのスキルを持って

いるわけではない。ICT 機器を活用し「教育クラウド」を活用して実践ができるようになるには，それなりに時間と労力がかかる。しかし，日々の教育活動や授業実践の中で，意欲的・積極的に取り組む環境があれば，ICT 活用研修を継続的に設定することによって，スキルは充分に向上していくと考えられる。また，教員は真面目な人が多いので，「自分が十分に理解し使えるようになってから！」と考えている人もいるかもしれない。しかし，デジタル社会の中で育ってきている子どもたちは，あっという間に使い方をマスターし，子どもたち同士で端末の操作などの教え合いができる。新しい先生たちにも使い方を教えてくれる。かならずしも教員が全てを教えられるようにしなければならないということはない。ICT については，子どもたちから学ぶこともあるということを踏まえておくとよい。教員と子ども，子ども同士，教員同士が共に学び合う環境が必要である。これは ICT に限ったことではないが。

⑵　実践にあたってのリスクと対策【家庭でのネット環境】

　村内全域に無線ネットワークが導入され，ふるさと放送に使われているとは言え，全ての家庭でインターネットアクセス環境を構築しているか，各児童生徒の家庭からクラウドにアクセスできるのかという問題がある。また，「年齢的にネット環境はまだ与えたくない」と考える保護者がいることも予想される。さらに，iPad を持ち帰り，自宅から教育クラウドにアクセスするとなると，どこにでもブラウズできるということになる。学校内で使用するには，プロキシで制限を加えているが，家庭で利用する場合にはどうするのか，さらにはトラブル発生のリスクも懸念される。児童生徒にはネットや携帯端末に関する学習の機会を持ち，使用上のマナーやルールを徹底するとともに，保護者には十分説明して協力を仰ぐ必要がある。

4　大川小中学校の挑戦は続く！

　iPad の持ち帰り学習によって，「過疎地域の社会資本の少なさを補い，学習の機会の確保・学力の向上を！」という願いをもって研究・実践を進めていく中で，大川村での通信環境の課題も明らかになった。いわゆるデジタル・デバイドの問題である。大川村を取り巻く通信環境には，速度の面において未だ都市部との格差がある。山間部であるからこそICT を活用し，教育や防災，日々の生活の質の向上を図っていきたい。今後においても，ICT 環境整備のご支援をいただきたいと切に願っている。本校での取組は小さい自治体，小規模校だからこそできることだというご意見もあるだろう。そのとおりである。小規模校だからこそできる取組がある。少ない児童生徒だからこそ，早くから1人1台端末の導入，家庭学習の持ち帰り学習の実施ができている。私たちの取組が同じような人口減少の課題を抱えている学校や自治体の参考に少しでもなればと思っている。今後は，プログラ

ミング教育や遠隔授業についても研究を進め，小規模校同士や大川村とは全く違った環境の県内外の市町村の学校とつながった学習や，コミュニケーションの場を広げていきたいと考えている。ICT を効果的に活用し，主体的・対話的で深い学びの中で，多様な考えに触れ，自他のよさを認め合い，共感的な理解を育て，コミュニケーション能力を育成し，「一人ひとりの存在や思いが大切にされる」大川小中学校でありたい。挑戦は続く！

● コラム ●

授業から見える
イマドキ学生の苦手と得意

茨城大学教育学部准教授　**小 林 祐 紀**

　筆者は勤務校において，様々な授業を担当している。中でも，入学間もない教育学部１年生を対象とした授業に情報リテラシーというものがある。この授業は必修科目であり，大学生活を送る上で不可欠なソフトウェアの活用方法を中心に，情報倫理なども含めて演習形式で学ぶことになっている。

　正確なデータを基に論じることはできないが，学生の様子を見ていると，年々コンピュータを操作するスキルは低下しているように思える。特に文字入力に至っては，両手の人差し指を駆使する学生，片手だけで入力している学生等。もちろん，１人や２人ではない。

　この授業の中で，近年最も驚いたことは「先生，レポートはスマートフォンで作成してもいいですか」という質問であった。一瞬，どういう意味の質問なのか理解できなかったが，少し考えてから意味を理解した。コンピュータを使って慣れない文字入力でレポートを作成するよりも，フリック入力・予測変換を使ってスマートフォンでレポート作成をした方が早いし得意というわけだ。質問に対して反射的に「いいですよ」（私はたいてい，学生からの○○してもいいかという類いの質問にはOKと答えるようにしている）と言いかけて，文字入力の練習も兼ねてPCで作成することとし，こればかりはNGとした。

　ちなみに彼らが文字入力等の操作を苦手とするのは，これまでの学校教育も影響していることは言うまでもなく，私たち教師一人ひとりの情報活用能力に関する指導について見直すよいきっかけだと感じている。

　文字入力に代表される操作のスキルが低下する一方で，情報倫理の授業で扱ったSNSの活用方法は，なかなか長けており感心させられる。複数のSNSを特徴に応じて使い分けていることは当然として，同じSNSにおいては複数のアカウントを使い分ける学生も少数ではない。また，授業を通じて，本学の学生は情報倫理についての基本的な知識を持ち合わせていること，そして発信よりも情報収集ツールとして，SNSを使用していることも見えてきた。すでに，若手教師を見ていると，写真を共有できるSNSを用いて教材研究していたり，居住地域に関係なく教師同士がグループを作り，授業に関する情報を交換している。

　SNSを駆使して情報収集することを大いに認めつつ，本書の一部を執筆する身としては，書籍や教育雑誌の定期購読，研究会等に足を運ぶよさもどこかで伝えたいと，いつも機会をうかがっている。

事例編 3
自治体の取組とGIGAスクール

1人1台LTE端末で作る
子どもが主体の新時代の学び

熊本市教育センター副所長
本田裕紀

1　熊本市がめざす学び

　熊本市は，現在のGIGAスクール構想が出される前からICT教育環境整備は極めて重要な課題であると認識し，「未来への礎づくり」としてタブレット端末（以下，端末）等の整備を進めてきた。新学習指導要領の周知と時期を同じくして端末等の整備を進めたことで，授業づくりの視点の「子どもたちが意欲的に学ぶ課題」「子どもたちの主体的・対話的な学び」「学んだことの振り返りの充実」に大きな変化をもたらした。GIGAスクール構想が進む中，整備ばかりに目が向きがちになっているが，1人1台の端末整備で何をめざしていくのかを明確に学校に示すことが大切である。

⑴　1人1台端末整備でめざす授業の共有化

　「端末を何のために整備するのか」「端末を使って何をめざすのか」誰もが明確に答えられる自治体は少ないのではないか。本市では，当初からICTを活用した授業づくりの視点を明確化し，「先生が教える」授業から「子どもが主体的に学びとる」授業へということを繰り返し言い続けてきた。右は1人1台

図1　教師用リーフレット

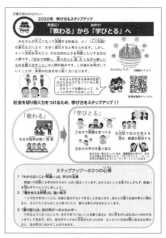

図2　子ども用リーフレット

に向けた教師向け（**図1**）及び授業改善に関する子ども向け（**図2**）のリーフレットである。その他，保護者向けのリーフレットも作成し，皆が新時代の学びについて共有できるようにしている。

2　協働的な学びを実現するための LTE 端末を核とした整備

熊本市は 2018 年度から段階的に全普通教室に電子黒板と実物投影機，3 クラスに 1 クラス分の LTE 端末計 23,467 台（教員 1 人 1 台を含む）を全小中学校 134 校に整備してきた。

(1)　LTE 端末を核としたハード整備

LTE 対応の端末を選定した理由は，以下による。

・短期間で一気に整備を進めることができる。
・Wi-Fi 方式では使用範囲が教室に限定されるが，LTE 方式だと郊外での活動や修学旅行等いつでもどこでも使える。
・通信トラブルが少なく，クリエイティブな学びができる。
・回線やセキュリティ設定等に係る全てをキャリアにアウトソースできる。

また，運用に係る本市の最大の特徴は，端末の機能をフルに使えるようにしていることである。教員の端末はほぼ無制限で，子どもたちの端末も有害サイトへのフィルタリングのみの制限としている。教員が 1 人 1 台いつでもどこでも自由に使える端末があることで，教材等の作成や共有化が図られるとともに校務や研修に活用できる。

(2)　探究的な学びを実現するソフト整備

一斉教授型の授業から脱却し，課題発見・解決力を身に付けさせるためには，子どもたちがめあてに向かって主体的に考え，自らの考えをアウトプットし，学び合い，振り返る学びを積み重ねることが大切である。そのためのアプリケーションとしてロイロノートと MetaMoji の両方を導入した。ロイロノートは写真や動画，テキスト等をカードにアウトプットし一度に情報共有し学び合いができる。また MetaMoji は配布されたノートに書き込んだり協働作業をしたりすることができる。このように 2 つのアプリの長所を活かした学び合いを可能にしたことが，本市のこだわりである。

3　これまでの各学校での ICT 活用

端末を 3 クラスに 1 クラス分整備してきたときの実践事例を紹介する。

(1)　導入初期

○写真や動画の活用とそれを使った学び合い

個人の技能を高める練習，アドバイスの手段として，体育の技能を高める学習で，練習の様子を動画で撮り合い，自分の技をすぐに確認して次の練習に生かすことを目的に端末

133

を活用した（**図3**）。自分の技の様子をその場で確認することで，自分の姿を客観的に見ることができ，技能の高まりが見られた。体育の他にも，国語での音読や英語のスピーチ，音楽での歌唱や演奏の練習等様々な発表の場面で端末を活用し，自己評価や相互評価を行い技術の向上に役立てている。また写真に撮ったものをトレースして構図について学び，自分のお気に入りの場所を絵に表すことができるようになった。遠近法についての表現は難しいが，子どもが自分で気付き構図を工夫した（**図4**）。

図3　動画による学び合い

○カード等による子どもたちの考えの共有化

　子どもの考えを電子黒板に一斉集約することで，互いの考えをすぐに知ることができる（**図5**）。また，自分の考えが即座に反映されるため，全体での発表が苦手な子どもにとっては思いを表出しやすいという利点もある。道徳の授業や学級会の場面においては，子どもが考えを出し合い，話し合う中で，カードに色を付けて分類することもできる。色分けすることで，子どもの多様な考えが整理でき可視化できるというよさがある。子どもは友達の考えから多様な考えを知ることができ，友達の思いを

図4　写真をトレースして絵に表す

図5　考えの共有化

想像したり尋ね合ったりすることをきっかけにして主体的な学び合いに発展することもある。また，教師は子ども一人ひとりの考えを短時間で把握することができ，的確な支援を行ったり，全体に広げたりすることができる。

⑵　導入中期

○自分の考えのアウトプットと伝え合い

　ペアや少人数で自分の考えを相手に伝えるときに端末が有効である。説明しながら画面に強調したいことを書いたり消したり，必要な資料を提示し拡大するなど，様々な方法で思考を視覚化して示すこともできる。相手が納得できるような説明の工夫を考え，操作しながら伝え合うことを通して，対話的な学びが進められる（**図6**）。

図6　グループでの学び合い

○グループでのまとめと伝え合い

　グループで調べ学習をし，全体にプレゼンテーションする活動で端末を活用している。

個人が調べて作成した資料を送り合い，それらをつないでグループで1つの提案資料としてまとめることで効率的に資料の作成ができる。端末を使うことで，時間も短縮できグループでの練り上げが可能となる（図7）。

図7　グループでの発表

(3)　導入後期

○思考ツールを使った思考の見える化

図8のように，フィッシュボーンやピラミッドチャートなどこれまでも活用してきた思考ツールを，端末上で活用することで子どもたちが思考を整理できるようになる。また，お互いの思考を見える化して説明し合うことで思考が深化する。

○クリエイティブな制作や探究的な学び

図8　思考ツールの活用

図9は実験を動画で撮って，その動画を基にそのときの化学反応をモデルを使って考察している様子である。スプリットビューを使って2つの異なるアプリを表示し自分たちで探究する様子である。図10は物語文の朗読に場面に合ったBGMを付けた活動である。このことを通して子どもがより主体的に読みを深める活動となった。また，学習の振り返りで動画クリップを作って発表す

図9　実験の動画を基にモデルで探究

図10　朗読にBGMを挿入

ることで子どもの学ぶ意欲が格段に向上し，より主体的で深い学びが実現できた例もある。

4　教員を支援する体制，研修について

(1)　ICT支援員について

本市には，現在19人のICT支援員がいる。ICT支援員は運用支援と一体とした業務委託により雇用している。これまでは，機器やネットワーク等のトラブル対応やPCの設定，ソフトの使い方等の支援が多かったが，現在は授業支援を中心として活動している（図11）。そのため支援員は学校担当制をとっており，現在1人7校程度を担当している。学校を回る支援員の

図11　ICT支援員による授業支援

他に各種問い合わせ対応や学校からのニーズに応じた独自アプリの開発も行っている。2021年度には2名程度の増員を行い，21名程度の体制とし，少なくとも週1回は学校訪問ができる体制を構築する予定である。

⑵　教育センターの組織及び指導主事について

　本市には教育ICTを推進するための部署として教育センターの中に教育情報班を設置している（副所長（課長級）1人，主任指導主事（補佐級）1人，指導主事4人（小学校2人，中学校2人），主任主事（再任用）1人，事務（主査，参事等）4人）。指導主事はICT支援員と協力し，各学校を訪問し授業づくりに関する支援や研修を行うとともに，ホームページやYouTubeチャンネル等を使って様々な情報発信も行っている。今年度は集合研修ができないため，オンラインによる研修を夕方18:00〜19:00（夏季休業中は15:30〜16:30）にZoomを使って4月〜9月で15回実施した（**図12**）。教師は教育センターに来ることなく学校からでも家庭からでも参加できる。内容はロイロノート・MetaMojiの活用法，プログラミング，Zoomの活用法などそ

図12　指導主事によるオンライン研修

のときのニーズに合わせて開催している。本市で一番大切にしているのは，フットワークの軽さであり，指導主事ができるだけ学校を回って支援できるように，派遣依頼文書等は一切なくし電話1本で，放課後短い時間や少人数の研修に対応している。

⑶　学校の体制について

　教育ICTを学校で推進する際に，これまで情報教育担当の教諭に任せることが多かった。本市では1人の教員に過度な負担をかけることなく持続可能な体制を作るため，各学校に推進チームという組織を作ってもらっている（**図13**）。推進チームに研究主任等が入ることでICTを活用して授業を変えていく力になる。また，この推進チームを集めて研修を行うことで

図13　学校の推進体制

各学校の優れた実践や他校の取組を共有することができている。

⑷　その他の研修について

　この他，1人1台の端末導入にあたっては指導主事が全ての学校を訪問し研修を行った。また，管理職に対する研修も毎年実施している（**図14**）。さらに教育センター所長・副

所長で小学校92校，中学校42校を全て訪問し整備の趣旨説明を行った。

⑸ 産学官の連携による支援について

平成30年10月に熊本市，熊本大学，熊本県立大学，NTTdocomoの4者で本市の教育ICT化推進に係る連携協定を締結している（**図15**）。推進にあたっては，毎月4者による産学官連携会議を行い，機器の導入や運用に関して検討を積み重ねている。NTTdocomoとの連携により，毎月各学校の端末の各アプリ別の稼働率(ログイン率)，データ利用量等をデータ化して利活用会議において報告，共有している（**図16**）。感覚的にしか分からなかった学校の実態を可視化することで，指導主事やICT支援員が稼働率の低い学校に重点的に出向いて研修を行ったり，支援を行ったりし，稼働率の向上に結び付けることが可能になった。また，モデルカリキュラムについては熊本大学に作成いただき，モデル校で検証し，より実践的なものにしている。熊本県立大学とは，プログラミング教育普及のための研修や動画作成を学生も一緒になって取り組んでいる。

図14　管理職の研修

図15　産学官連携協定

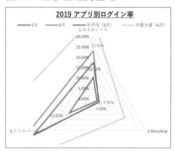

図16　各学校の活用率

5　日々の授業への1人1台端末の活用

現在，追加の約40,000台の端末整備を進めており，2021年1月末までには全ての小中学校が1人1台端末となる。これからはいつでもどこでも使えることで，教師が子どもに使わせる「教具」から子どもが必要なときに使う「文房具」になる。

○1人1台の端末の運用

端末は毎日持ち帰って，充電して持ってくることを基本としている。持ち帰って，ただ単に個別最適化のためのドリルに取り組ませるだけでなく，子どもが学校での学び合いにつながっていくような課題に取り組み，事前に提出したり，学校で学んだことを家庭でも実践し動画のクリップにまとめたり，親子で一緒に考えさらに学習を深めたりするなど様々な学びが可能になる。これから学級便りや連絡など学校からの様々な学校の文書も電子化して端末上で配るようにする。また，親子で端末を活用し，学校で学んだことを子どもたちが保護者に伝えることで開かれた学校づくりもめざしていく。

誰一人取り残さない
令和の授業づくりの推進
新潟市の GIGA スクールの取組

新潟市教育委員会学校支援課副参事・指導主事
片山敏郎

はじめに〜本市の GIGA スクールへの基本的な考え方〜

　新潟市の GIGA スクールのスローガンは，「誰一人取り残さない　子どもも，教員も」である。GIGA（Global and Innovation Gateway for All）の A（all）は，子どもはもちろん，教員も取り残さないことが大切と考えている。なぜなら，それが，どの子どもにも質の高い教育を実現することにつながるからである。

　GIGA スクール構想の加速で実現される環境は，多くの教員にとって劇的な変化である。学校現場は，ICT が得意な教員ばかりではない。苦手意識を持っていたり，ICT を活用した授業経験が少なかったりする教員も多い。その事実と正対し，「誰一人取り残さない」という，美しくも厳しい目標をあえて設定した。

　本稿では，このスローガンを実現するために新潟市教育委員会で取り組んできたことを，環境の構築，めざす授業像と授業実践例，推進ガイドラインの3点から述べる。

1　導入環境の構築

図1　GIGA スクールイメージ図

　図1は，本市の GIGA スクールのイメージ図である。

　世界とつながり，家庭とつながる。授業では，端末使用の日常化を図る。

　また，特別な支援を要する子どもたちや端末活用に慣れない教員を含め，誰もが使いやすいことを最も優先し，「iPad第8世代＋キーボード」を採用した。

　さらに，アプリケーションも使いやすさと思考ツールに定評のある「ロイロノート・スクール」と，個別最適化を促す「ドリルパーク」を有償アプリケーションとし

て採用した。そして，基盤となるアプリケーションとして，G Suite for Education を採用し，Azure AD を用いて，Apple ID，Microsoft アカウントと統合し，1アカウントを実現した。こうすることで，子どもも教員もストレスなくログインできるようになった。また，使いやすい Apple 純正アプリケーション群のほかに，「新潟市アプリカタログ」を用意し，推奨アプリを学校現場の声を生かして追加し，自由にダウンロードできるようにしていく。こうすることで，各校のニーズに対応して，柔軟な運用が可能になる。

2　めざす授業像

本市の GIGA スクール時代の授業づくりでは，「単元」「アウトプット」「振り返り」を端末という赤い糸で結び付け，主体的・対話的で深い学びを実現することをめざす。

具体的には，本市の教員に次の3つを意識していただきたいと考えている。

・単元のデザイン力
・アウトプット重視への意識改革
・振り返りの質の向上

(1)　これまでの実践の成果と課題

本市は，7年前から「学習課題とまとめ，振り返りのある授業」を授業づくりのベースとして全市一斉に取り組んできた。この取組が奏功し，確実に「学習課題」と課題に正対した「まとめ」を板書する授業スタイルが定着し，学力向上につながった。一方，1時間完結型の授業になりがちで，単元や題材のまとまりの中で，習得・活用・探究の過程を含んだ学習を構想する視点が弱いことが課題として挙げられる。また，課題設定の後の展開において教員の説明によるインプットが多く，子どもの主体的な解決の姿が十分でない授業も見受けられた。

そこで，本市の取組のこれまでの実績を受け継ぎながら，GIGA スクール時代の授業づくりのベースを「学習課題とアウトプット，振り返りのある単元，授業」と更新することとした。

(2)　取組の具体

GIGA スクール時代の授業づくりのフレームワークとして，図2を示す。その上で，タブレット端末（以下，端末）を図に示したように捉え，学習過程のそれぞれで活用を進める。

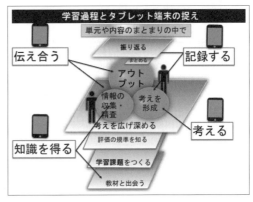

図2　授業モデル図

①「アウトプット」について

　「アウトプット」は，本市の新たなキーワードである。「アウトプット」とは，子ども一人ひとりが学習課題の解決に取り組む中で獲得した知識や考え方を自分の方法で，自分の言葉等で表現することである。このとき，１人１台の端末が子どもの力を引き出すと考えている。

　アウトプットするため，子どもは，**図２**の「知識を得るためのメディア」の役割を活用して教師の説明を含む情報を収集し，どれを使うか取捨選択していく。そして，「考えるためのメディア」の役割を活用して思考ツール等を使い，考えを形成する。さらに，「伝え合うためのメディア」の役割を活用して友達と話し合い，考えを更新する。そうして得られた学習課題の答えや解決した方法等について，アウトプットするのである。

　「アウトプット」により，学習者の視点に立った学習者主体の授業へと進化することをめざす。

②振り返りの質の向上による資質・能力の育成について

　本市の課題の一つとして，目標を設定するものの，単元末テスト等の総括的評価だけが重視され，形成的評価による指導の充実や子どもへの個別指導に十分に生かしきれていない状況がある。特に，新学習指導要領で新たな資質・能力として示された「学びに向かう力・人間性等」については，「リーダーシップ，互いのよさを生かして協働する態度」などの一人ひとりの可能性やよさについての資質・能力は，評価に示されていないため，子どもが自己の成長を自覚できる手立てが必要である。

　そこで，本市では，GIGAスクール構想を機に自己評価を充実させ，これを教師の形成的評価の充実につなげていく。具体的には，２つの手立てを考えている。

【自分の学びの客観的な認知】

　端末の「記録するメディア」の役割を活用して，教科等の特質に応じて自分や友達の練習等の様子を写真や動画で記録する。記録したものを繰り返し見ながら振り返ることにより，子ども自らが成果と課題を発見する。

【評価規準を子どもと共有】

　単元や題材の早い段階で評価規準を子どもと共有し，子どもが学習の中で意識できるようにする。また，単元終末の振り返りでは，評価規準に沿って自分にどんな力が付いたのかを振り返って端末に記録する。この取組の蓄積により，自分の学びの記録を見ながら自分の成長を自覚し，自信につなげていくことが期待できる。また，教員にとって個々の学びの様子や振り返りを端末から見取り，個別支援や次の指導に生かすことが容易になる。

　これらにより，より一層子どもの自己評価や相互評価が充実し，それを基に教員の指導に生かしていくことができると考える。

3 授業実践例

(1) 実践校及び実施した教科，環境等

- ●実践校　新潟市立上所小学校　2020年度より新潟市GIGAパイロット研究指定校
- ●教　科　6年生体育科「器械運動」
- ●端　末　LTEモデルのiPad第7世代（4校のパイロット校に各40台ずつ導入）
- ●環　境　今回の授業はLTEモデルのため，ネットワーク通信が可能
- ●アプリ　ロイロノート・スクール
- ●機　能　ロイロノート内のカメラ機能（スロー再生可能）やカード送信機能

(2) 実際の授業の様子

①教師作成の2つの動画を比較し，改善ポイントを見いだして学習課題をつくる

　【知識を得るためのメディア】として iPad を活用している場面

　はじめに授業者は，子ども一人ひとりの端末に「うまく開脚前転ができていない動画」を送信した。すると子どもからは，「分かる分かる」「ここが難しい」などと共感する声が挙がった。次に，「どうすればできるだろう」という課題解決に向けたさらなる情報を求める声に応え，授業者は「うまく開脚前転ができている動画」を子どもたちに送

写真1　お手本となる動画

信した。すると子どもは，送られてきた動画で気になる部分を一時停止したり，スロー再生したりしながら動画を比較し，改善ポイントを見いだした。

②ポイントを意識して開脚前転を試す。その際に友達から自分の開脚前転の様子を撮影してもらいながら，動きを改善していく

　【記録するメディア】として iPad を活用している場面

　その後，子どもは改善のポイントを意識しながら，実際に開脚前転に取り組んだ。自分の動きが本当にポイントを意識できているかを確かめるために，グループで互いに撮影を始めた。その際に，「どの角度から撮影すればいい？」「真横から撮って」と，どうすれば動きが確認しやすいか

写真2　撮影動画を見返す子ども

を自分たちで判断しながら，活動する姿も見られた。撮影された動画をすぐに見返し，撮影者から「もっとスピードを出したほうがいいかもね」などとアドバイスをもらいながら，「もっとこうしてみよう」と自分なりのさらなる改善ポイントを見いだし，時間いっぱい繰り返し挑戦する姿が見られた。

4　新潟市 GIGA スクール構想推進ガイドラインの考え方

⑴　「新潟市 GIGA 宣言」

　子どもに示す「きまり」は，シンプルで分かりやすくあるべきである。そこで，言葉を絞り込み，市内全校・全学年を通じて，「きまり」を２つ設定して，「新潟市 GIGA 宣言」で示し，徹底して繰り返し指導していくこととした。

図３　新潟市 GIGA 宣言

　履物を揃えると，他の所作も美しくなっていくように，この２つをとにかく徹底することを大切にする。

⑵　７つのガイドラインで指導の迷いを無くす

　上記「GIGA 宣言」を基に指導する中で，実際の使用場面で迷わないように具体的な基準を示したものが，７つの「指導のガイドライン」である。

①使用時間について

　学校での使用時間の制限は共通には設けない。ただし，健康面を考慮し，30 分使用したら目を休めるよう指導することにする。また，家庭での使用時間は，保護者が子どもと相談する中で，使用時間のルールを定めるように促していく。

②アプリケーションの活用について

　iPad の特徴である「質の高い教育用無償アプリケーションが豊富にあること」を最大限に生かすために，できる限り制限はかけずに伸びやかに使えることを重視した。また，教育委員会の推奨アプリはいつでも自由にダウンロードできるようにし，授業者が子どもに使わせたいアプリがある場合は，教育委員会に申請することで速やかにインストールできるようにした。

③カメラ・ビデオ撮影について

　カメラ・動画機能の使いやすさも，iPad のよさである。できるだけ伸びやかに活用させる中で，人を撮影するときに許諾を取ることを教えたり，肖像権を意識することを教えたりする。また，盗撮行為は，犯罪であり，法的に処罰されることがあることを発達段階に応じて，低学年から繰り返し指導をする。

④ネット検索について

　積極的に活用する中で，検索のスキルを高めたり，情報の妥当性を判断したりする経験を積極的に積み重ねていく。また，不適切なサイトにアクセスしにくいように端末にフィルタリング制限をかけている。これは家庭でも有効である。万一犯罪や悪質ないじめ等につ

ながるアクセスを学校が把握した場合は，教育委員会でアクセス履歴を辿ることができる。

⑤著作権指導について

　教科書や資料集をはじめとする著作物は，著作権者の許諾を得た場合にのみ，インターネット（Google ドライブや iCloud 等のクラウド，ホームページ等）上にアップロードできることをしっかりと指導し，著作物を尊重する態度を育成するよう指導する。著作権を著しく侵害した場合は，法的に処罰される可能性があることも発達段階に応じて指導していく。さらに，授業目的公衆送信補償金制度を活用し，子どもが学習に必要な範囲内で著作物のクラウド保存等ができるようにすることを検討していく。

⑥デジタルドリルの活用について

　個別最適な学びを促す目的で，デジタルドリル「ドリルパーク」を活用できるライセンスを取得した。国語・算数・数学・理科・社会・外国語・英語の全学年・全単元を網羅し，過去の学年に戻って学習することも可能である。各校で活用する場面を決め，積極的に活用することを推奨する。例えば，授業の開始時の 5 分間，個別に必要な内容に取り組んだり，学校で「スキルタイム」等を設定して活用したり，Wi-Fi が使える場合は，学童保育や家庭で使用できるようにしていく。

⑦端末の持ち帰りについて

　端末の持ち帰り利用を推奨する。持ち帰りの実施時期・実施学年や頻度は，学校の実態に応じて，学校長が判断することにした。家庭での Wi-Fi 接続は，各家庭で行うことになるため，市販の iPad と同様に簡易に接続できる仕組みにした。また，安全上の不安を持つ保護者もいると考えられるので，端末でフィルタリング制御をし，学校と同様のインターネット接続制限ができるように設定した。

　家庭での使用に際しては，保護者がよく見守ることを保護者が同意した場合にのみ持ち帰ることができる。校長はできる限り家庭への持ち帰り使用の承諾を全家庭から取れるように，持ち帰りの意図や学習効果，利便性等について説明責任を果たすとともに，同意が得られない家庭の児童生徒に対して，紙での課題や手紙の配付などの代替手段を講じることで，格差が生じないように配慮する。

おわりに～骨太な設計に基づき柔軟に進化し続ける～

　「誰一人取り残さない　子どもも，教員も」を，本市の教職員の強みである「同僚性」を発揮して実現する，そのために，市教育委員会として骨太な設計をし，柔軟に進化し続けたい。

[参考文献]
・新潟市教育委員会「GIGA SUPPORT WEB」，http://niigata-miraizu.com

特別ではなく，日常的な活用をめざして
導入期に失敗しないための手立てと工夫

備前市教育委員会学校教育課指導係主査
藤木謙壮

1　備前市の ICT 環境について

　文部科学省が進めている GIGA スクール構想では，「令和時代のスタンダードとしての1人1台端末環境」の整備をめざしているところであるが，備前市では，6年前から児童生徒に1人1台の端末環境の整備が進められてきた。**表1**は，備前市において1人1台端末に関連した整備についてまとめたものである。この流れの中で，普通教室や特別教室などの授業を行う教室に，無線アクセスポイントやプロジェクター付電子黒板といった ICT 環境も併せて整備され，各校で様々な ICT を活用した取組が模索されてきた。

　しかし，こうした環境整備が行われれば，すぐに1人1台端末を活用した授業が全ての学校で行われるというわけではなかった。備前市が1人1台端末環境を整備した当時は，こうした事例が少なかったため，現場の先生はどのように活用すればよいのか分からず，多くの学校で混乱が生じていた。授業者である先生が授業での活用イメージを持っていなければ，せっかく ICT 環境を整備しても授業において活用されることもなく，子どもは操作できるのに先生が操作できないから使わせてもらえないという状況が生まれてしまう。

年度（西暦）	整備内容
H25 年度（2014）	○普通教室に無線アクセスポイント，大型テレビ，実物投影機を整備 ○デジタル教科書，学習活動ソフトを導入
H26 年度（2015）	○端末を児童生徒1人1台，授業担当教員に対して整備 ○端末に対応した授業支援システムを導入 ○プロジェクター付電子黒板を普通教室へ整備
H28 年度（2017）	○各校にフューチャールームを設置 ○無線アクセスポイントを特別教室，体育館，職員室に整備
R2 年度（2020）	○端末（教師用・学習者用）の更新 ○端末固定スタンド，ヘッドセット（遠隔授業対応）の整備 ○校内ネットワーク環境（アクセスポイント，LAN）の更新 ○端末充電収納庫の整備

表1　備前市のICT環境整備について

もちろん，今回のGIGAスクール構想に向けた動きは，全国的な流れになっており，すでに多くの実践者や自治体の取組が書籍やサイト，またはオンラインセミナー等で報告されているので，備前市がこの5年間で経験したように情報が少ない中で実践を模索するというようなことにはならないだろう。しかし，うまく軌道に乗った学校の事例だけを見ても，その状態に至るまでの経緯が分からなければ各自治体，各校において再現することは難しいのではないだろうか。

　そこで，ここではあえて導入期の先生の意識をどのように変化させていくとよいのかについて丁寧に扱うことで，これを読まれた方が「こうやって進んでいくのか」と思ってもらえるような内容にしていく。すでに取り組んでいる自治体や学校からすると，今更こんなものをと感じることが多いかもしれないが，備前市がそうであったように，導入期において「どのように活用すればいいのだろう？」「ICTを使ったことがない自分でもできるのだろうか？」といったどこにでも存在するであろう不安を抱えた先生方にとっての参考になれば幸いである。

2　備前市の計画

　GIGAスクール構想における1人1台端末がもたらす学びの変容イメージとして，「双方向型の授業展開」「情報の編集を経験しつつ，多様な意見にも即時に触れられる」といったものが挙げられている。こうした学びの変容を実現するにあたって，「何か難しいことをしなくてはいけないのではないか」「そんなハイレベルなことにはついていけない」といった声が現場からは聞こえてくる。このような未知のものに対する漠然とした不安を抱いたままでは，先生が端末を活用しようと思うことができず，結局1人1台端末環境は生かされないという事態につながってしまう。

　そこで，こうした導入初期段階における先生の感情を軽減していけるように，備前市では，端末を授業で活用するまでのステップを身近なICT機器とのつながりを基に作成した（表2）。この表における「身近なICT機器」は，GIGAスクール構想の実現に向けた計画を考える際に，先生を対象として行った活用状況アンケートで，小学校教員の約9割がデジタル教科書や教材提示装置を授業で使用しているという結果を基に設定している。この表2では，第1段階から第2段階では「〈何で〉写すか」が，第2段階から第3段階では「〈何に〉写すか」というように，身近に使用しているものがどのように変化していくのかが分かるように示している。このように段階的な活用イメージを持ったり効果を実感したりすることを通して，先生と児童生徒が端末を操作できるようになっている第3段階までの授業を，日常的に行えるようになることを全ての学校でめざしていく。中にはいきなり第4段階のような，子どもが学習に合わせてICTを選択する場面を取り入れた授業を行える先生も存在するが，これまでの備前市の6年間の経緯を振り返ったときに，こ

うした段階を一つずつ丁寧に乗り越えられるような支援を必要としている先生の方が多くいたように感じる。それは，小規模校で単学級の学年が多い備前市において，校内にICTを活用することが得意な先生がいない学校が存在することも要因の一つであると考えている。こうした学校間格差が生まれる要因への対策の一つとしても，ボトムアップを着実に進めていくことが重要であると考えている。そこで，教材提示装置やデジタル教科書といった活用頻度が高いものの実践を通して，授業におけるICTの効果について理解する機会をつくることで，先生方がICTの効果を少しずつ理解できるようにしていく。

段階	第1段階	第2段階	第3段階	第4段階	第5段階
概要	【伝える】（同じ画面）	【伝える】（同じ画面）	【伝える】（個別の画面）	【つなげる】	学校と外を【つなげる】
ICT使用場面	子どもの考えを視覚化して、考えを共有する			共有した考えを活用する	学びを社会につなげる
活動 教師	【教師が用意した情報を提示する】○教材資料を提示する ○子どもの考えを提示する・ノート、ワークシート、タブレット（写真）	【教師が子どもの考えを提示する】○画面投影で全員の子どもの考えを同じ画面に提示する	【教師が子どもの考えを提示する】○画面送信で全員の子どもの考えを個別の画面に提示する	【子どもが手段を選ぶ場をつくる】○単元の中で子どもが学び方（使用するICT）を選べる授業づくりを行う	【学びの場を学校の外に広げる】○学校だけでなく、他の学校や外部人材との交流や、家庭学習との関連性を位置付けた授業づくりを行う
活動 子ども	【情報を伝える（同じ画面）】○ノートやワークシートに自分の考えをまとめる ○投影されたものを使って、特定の子どもが考えを発表する	【情報を伝える（同じ画面）】○タブレットに自分の考えをまとめる ○投影されたものを使って、特定の子どもが考えを発表する	【手段を選んで伝える】○第1~2段階までのICTから選んで情報をまとめ、伝える ○タブレットで友達の考えを活用し、自分の考えを再構築する		【学校の学びを社会とつなげる】○他の学校や外部人材との交流を行う ○学校や家庭での学びをクラウドでつなげる
授業イメージ				他の学校　学校　家庭　大学　行政機関　店　などの外部人材	
方向性	一方向				双方向
時間	同期型（同じ時間）				非同期型（異なる時間）も可能
使用するICT	○教材提示装置 ○デジタル教科書（教師用） ○タブレット（カメラ機能）	○授業支援ソフト		○授業支援ソフト ○教材提示装置、デジタル教科書、タブレット（カメラ機能）	○クラウドシステム ○デジタル教科書（児童用） ○ビデオ会議システム
写すもの	○大型テレビ、スクリーン		○タブレット（一人1台） ○大型テレビ、スクリーン		

表2　1人1台端末活用までの段階イメージ

3　各校での1人1台端末環境を生かした授業

　こうしてボトムアップで全体の活用推進を図っていくと同時に，第4～5段階におけるGIGAスクール構想の描く授業を模索する先生への支援も行っていく。これは，ボトムアップを進めていく先に見える授業の姿を，環境が異なる全国の事例だけではなく，身近な先生の授業の姿で示すことで，「全国レベルのすごい実践」ではなく「同じ市内の○○先生の実践」と捉えられるようになり，多くの先生にとってイメージを持ちやすくなると考えるからである。ここでは，実際に活用推進のための取組を行ってきた情報教育活用推進リーダーの事例の中から，大学などの外部人材とのつながりを生かした遠隔授業やVRによる擬似体験を活用した授業など，第5段階の「学校と外をつなげた学び」を紹介する。

⑴　遠隔授業を取り入れた授業

　市内の小学校6年生の総合的な学習の時間で行った「複言語学習」の取組である。地域学習の一環として地域の観光案内表示の現状を確認するために校外学習を行った際に，避

難所へ誘導する目的で設置された看板は，中国語や韓国語などの複数の言語で多言語対応しているが，観光案内に関する看板のほとんどがローマ字表記で多言語対応していないことに子どもが疑問を抱いたことから始まった。ローマ字表記だと，外国人観光客が読むことはできてもそこに何があるのかが分からないので困るのではないかと考えた子どもたちは，多言語対応した地域の観光案内を作成することとした。

　まずは，1人1台端末を使って各自の担当箇所を作成し，その後データを共有して1つの日本語表記の作品を仕上げた。その後，日本語表記を多言語対応させるために，翻訳サイトやアプリを使用した。ここで興味深かったのは，翻訳した結果をそのままコピーせずに，キーボードの言語設定を変更して韓国語や中国語の入力方法で作成していた子どもがいたことだ。見ているうちに文字の形に興味を持つようになり，文字の形に共通点を見つけていくことで，次第に予想ができるようになっていくのが楽しいからキーボードの設定を変えたということであった。文字に興味を持った子どもは，その後の自主学習の宿題を通して，外国の文字の表記の仕組みについてまとめるなどして，学習を深めていった。

　このようにして多言語表記の観光案内は完成したものの，子どもたちの中に「これは適切に翻訳されているのだろうか？」という疑問が生まれてきた。そこで，大学の教授に相談し，子どもたちが翻訳した言語を母語とする留学生にデータを送信して確認してもらうこととした。すると，言葉としては間違っていないが不自然に翻訳されている箇所があると指摘してもらえた。このことは，形としての多言語対応で終わらずに，本当に社会で使えるものになっているかどうかを，子どもが気にするようになる大きなきっかけとなった。

　これは，興味・関心や入力スキルなどの状況に応じて，自分で選択できる環境が整えられているという点で，1人1台環境のよさを生かしている実践である。「これをやってみたい」という子どもの思いを実現することが，その活動に対する何よりの動機づけになっている。1人1台端末の環境下では，先生による管理のしやすさを理由に同じものを使って同じ作業をさせるのではなく，それぞれが選択できるというよさを生かすことで子ども1人1人の学びを実現できるようにするということを先生が意識することも大切なことである。

写真1　設定変更したキーボードで入力

写真2　翻訳ソフトに音声で入力

⑵ VR を活用した授業

　市内の小学校6年生の総合的な学習の時間の「地域の魅力を伝える」取組である。地域の特色の一つである諸島には，歴史・自然・人の魅力がたくさんあることに気付き，その魅力を伝えたいと考えた。島に行くための船の運航に関する時間や費用の面での課題を把握し，その解決する手段としてまずは「実際に見てみたい」という気持ちを持ってもらう必要があると考えた子どもたちは，VR カメラを観光協会に設置することで，観光客にいつでも疑似的に現地体験をしてもらえるようにすることとした。

　VR カメラで見る映像を撮影するために使用する，360度カメラや VR などを使ったことがない先生と子どもは，操作方法はもちろんのこと，活用する上で意識すべきことについても分からない状況から始まった。しかし，この前例がないという状況が子どもの意欲を掻き立てた。撮影して確認する作業を繰り返す中で，「360度カメラだからこそ伝えられる写真を撮るためにはどうすればよいか」について考えるようになり，最終的には撮影する高さや，時間帯についてもこだわりたいという声が上がった。撮影する高さについては，VR で視聴した際に本当に見ているように感じてもらうために，自分たちの身長よりも高く撮影することとした。また，時間帯については，昔に比べて宿泊施設が少なくなり多くの観光客が昼間に訪れていることから，海に映る朝日や，高い山から見る夕日など，観光客が見ることができないものを撮影することとした。この時間帯を意識した写真撮影は，登校している時間では撮影できないため，宿題として登校前後の時間に各自で撮影する必要があった。1人1台端末環境では，特定の誰かが撮影するのではなく全ての子どもが撮影できるため，全員で撮影してきた写真の中から1枚を選ぶことにしたが，学習意欲を高めるという点でとても効果があった。このように意欲的に学習する子どもの姿を家で見ていた保護者からは，「はじめは写真を使って遊んでいるように見えたが，撮った写真を見直して何度も撮影し直す姿から，楽しんで学習していることが分かりました」という声をいただいた。これまで宿題というと，漢字ドリルや計算ドリルといった机に向かう子

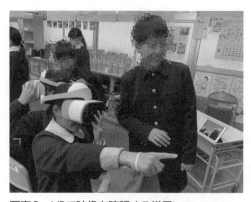

写真3　VRで映像を確認する様子

写真4　見え方を確認しながらの撮影

148

どもの姿が当たり前だったが，１人１台端末環境では，こうした学校と家庭の学びに連続性を持たせるように位置付けられた宿題を出すこともできる。これまでにない宿題の形なので，当然端末や操作方法に関するトラブルもあったが，これを次の日に学級全体で共有し，対処法を適宜確認していくことも，端末の操作スキルを習得する上で大切なことである。

このようなVRカメラを使用して空間的制約と時間的制約を超えた取組により作成された作品は，観光協会に設置され実際に観光客に見てもらっており，「この風景を実際に見てみたい」という感想をきっかけに観光案内が始まることもあるということだ。また，これをきっかけに備前市内の観光名所をVRカメラで紹介するという新たな取組が観光協会で企画されていることを知った子どもたちは，自分たちの学習が社会につながっていることを実感することができたようであった。

4　１人１台端末環境を充実させるために大切にするもの

最後に，日常的なICT機器の活用を推進する上で大切にしていきたいことについて触れたい。６年前から１人１台端末の活用について取り組んできた備前市では，活用推進における最も重要な要因の一つに「先生の感情」があると考えている。特に，「ICTの必要感」を感じているかどうかは大きく，多くの先生の中で「押しつけられ感」が生まれ，それが「抵抗感」につながってしまっていた。これでは，環境を整えたところで活用されることは難しくなる。

この「必要感」を感じる先生を増やすためには，多方面での活用ができるように環境を整えていく必要がある。例えば，宿題で授業支援ソフトを活用することで，デジタル化された教材の配布・回収ができるようになり，提出状況や内容把握を行うことに加えて，蓄積されたデータを比較することで個人の変化を見取りやすくなる。また，教室から職員室まで児童生徒数分のノートを運ぶ作業が端末の持ち歩きだけで済むようになると，ここに必要感が生まれる。他にも，学校で行われている多くのアンケートをデジタル化することで，これまで一つ一つ手作業で集計してきたものは，アンケートフォームを使用することで，入力と同時に集計結果に反映されるだけでなくグラフまで作成することができ大幅な時間短縮につながる。備前市でも，今回のコロナウイルス感染症拡大防止のための臨時休校において，毎日の健康観察でアンケートフォームを活用したことで，健康状態に不安がある家庭への連絡に時間を割くことができたという学校があった。この学校では，アンケートをデジタル化することのメリットを実感することができたことから，その他にも行う予定のアンケートをデジタル化することを検討するようになった。

GIGAスクール構想では，こうした授業以外での活用場面を通して，１人１台端末のよさを実感できるような環境を整えることも大切なことである。

教師が負担感を感じない効果的な1人1台の端末活用方法

杉並区学校 ICT スーパーバイザー
倉澤　昭

1　杉並区の ICT の環境整備と支援体制の特色「ICT 環境・ハード・ソフト」

　杉並区では，平成 19（2007）年度より，学校 ICT の活用と整備を進め，平成 26（2014）年度，IWB（電子黒板一体型プロジェクター（壁掛け型））とデジタル教科書の全教室配備と同時に，小学校 3 校で 5，6 年生 1 人 1 台タブレット端末（以下，端末）の活用効果の検証を始めた。その後，令和元（2019）年度までに，小学校 14 校，中学校 8 校の小中一貫端末活用研究校を徐々に増やし，小学校 5，6 年生と中学校 1 年生における 1 人 1 台端末活用の効果検証を行ってきた。そして，令和 2（2020）年度，GIGA スクール構想に基づいて，全小中学校で学習者 1 人 1 台の端末の環境整備を進めることとなった。

(1)　杉並区の学校 ICT 環境整備の特色

　教師が負担感なく ICT を日常的に活用し，ICT 活用能力を徐々に高められるように，一度に沢山の機器を導入せず，検証を繰り返しながら計画的に環境整備を進めてきた。

① 教師用パソコン，プロジェクター，書画カメラ，有線 LAN 環境の整備（平成 19 年度までに全校で完了）。

② IWB，教師用端末，無線 LAN，デジタル教科書，全校パソコン室に端末を導入（平成 30 年度までに全校で完了）。

③ 小中一貫端末活用研究校：児童生徒 3 人に 1 台程度の端末の導入（主な使用ソフト：ロイロノート・スクール，ペンまーる，キューブきっず，ミライシード，学習探検ナビ，SKYMENU，令和元年度までに小中合わせて 22 校）。

④ 児童用端末 3 人に 1 台の整備（令和 2 年度，小学校全校で完了）。

⑤ 児童生徒用 1 人 1 台端末の整備（令和 2 年度，小中全校で完了）。

(2)　ICT 活用のための支援体制の充実

　教師が授業で効果的に ICT を活用できるようになるためには，支援体制を充実させる

ことが大切だと考え，次のような支援体制をとっている。

① ICT支援員の配備（小中一貫端末活用研究校：週3～4回，一般校：月2回）

② 指導主事による学校訪問指導，教育センターでのICT関連研修の実施

③ 教職経験者による学校訪問ICT研修（年間60回以上，延べ参加者1,000名以上）

④ ヘルプデスク（コールセンター）の設置

⑤ 教育委員会事務局職員による電話対応，学校訪問

2 ICT活用の意図と学習過程を考慮した端末の活用

　杉並区では，ICT活用研究校が放送大学教授中川一史氏にご教示いただいた「ICT活用の意図（意欲，関心の拡充・知識理解の補完・技能の習得・思考の深化，拡大）」を全校で共有するとともに，学習過程を考慮し，学習場面に合わせた効果的な活用の工夫を行ってきた。また，教師のICT活用能力を徐々に高めていくための活用の工夫も進めてきている。

(1) 教師用端末1台での活用～「わかる」から「できる」へ転化する～

　音楽の合唱の学習で，全体での学習を行った後に，パート別に分かれて練習する。このパートのグループに教師が端末を持って，一人ひとりの歌う様子を撮影する。そして，その後，すぐにグループを集め，端末の動画を見ながら，一人ひとりの口の開き方などを助言する。正しい口の開き方をしていたと思っていた生徒も動画を見て，助言された理由に気付き，正しい開き方になるように努力をしていく。

写真1　パート別グループの練習を撮影　　写真2　すぐに集めて，助言する　　写真3　体育学習での活用

　同様の活用方法は，体育の学習でも効果的である。特に本人が課題としているところを重点的に撮影する。最初は教師用端末で撮影することで，児童も撮影のポイントが分かり，その後の児童用端末の有効な活用方法にもつながっていく。

(2) （特別支援学級）児童用1人1台端末の活用
　　～「わかる」から「できる」へ転化する～

　特別支援学級での生活単元における「歯みがき」で，歯型のモデルを使って，正しい歯みがきの仕方を学ぶ。次に，端末で，口の中の写真を拡大してみて，歯みがきが難しそうな位置を確認する。そして，1人1台の端末を活用し，実際に歯をみがいている自分の様

子を撮影する。その後，動画を再生し，自分のみがき方で，すみずみまでみがけていたかを調べる。鏡で自分の歯みがきを見るのと異なり，繰り返し何度でも自分で見たり，個別に教師と一緒に繰り返し見ながら，正しいみがき方の助言を受けることで，徐々に正しいみがき方が身に付いていく。

写真4　歯型モデルでの学習　　写真5　口の中を拡大して見る　写真6　歯みがきの様子を撮影

⑶ （5年生）学習者の1グループで，3～4台の児童用端末の活用 ～「規則性を発見する」～

　5年生の理科「雲と天気の変化」の学習では，1グループに4台の端末を用意し，東西南北の空を同時に撮影する。こうした撮影を繰り返し，記録に残して，グループ内で端末を見ながら話し合いをしたり，IWB に映して他のグループや全体でも情報を共有する。こうすることで，天気のよいときの雲の流れる速さや方向，天気が悪くなるときの雲の色や雲の動きなどを理解し，規則性も自分たちの力で発見していく。自分の力による新たな発見で理科の学習に対する興味・関心も確実に増していく。

写真7・8　雲の流れなどの撮影　　　　　　　写真9　流水実験の様子

　こうした活用方法は，「流れる水のはたらき」の流水実験の学習でも効果的である。水の流れを端末で撮影することで，何度も繰り返し見たり，拡大して見ることも可能になる。また，水の流れの速さの違いや堆積される砂粒など，細かいことにも気付き，グループ内での話し合いも活発になり，規則性も発見しやすくなる。

⑷ （1年生）児童用1人1台端末の活用～「共通点・相違点を明確にする」～

　1年生が1人1台端末を活用して，「自動車ずかんをつくろう」の学習を行った。教師が，ブルドーザー，ゴミ収集車などの絵本のコピーカードを授業支援ソフトで児童全員に送る。

児童は，その中から紹介したい自動車を１つ選び，その自動車の「しごと」と「つくり」について，自動車を拡大したりしながらよく見て，関連していると思うところを線で囲んだり，大事だと思う説明文にアンダーラインを引くなどしてよく考える。考えがまとまったら，同じ自動車を選んだ友達と端末を見せ合いながら自分が気付いたことを伝え合う。友達の説明を聞いて，自分に足りなかった部分を自分の考えに付け加える。次は，自分とは異なる自動車を選んだ友達と端末を見せ合いながら，自分の考えを伝え合い，共通点や相違点があることに気付いていく。その後，調べたことや，伝えたかったことを基に，「しごと」に合わせた「つくり」について，ワークシートにまとめる。必要に応じて端末を開き，「しごと」や「つくり」を再確認できるので，全員が本時のねらいに沿って，戸惑うことなく意欲的に説明文を書き上げていた。

写真10　同じ自動車同士で説明　写真11　異なる自動車同士で説明　写真12　ワークシートに書く

⑸　（２年生）児童用１人１台端末の活用〜「思考過程を比較する」〜

２年生の算数科のかけ算の単元で，児童用１人１台端末と授業支援ソフトを活用した学習である。縦５コマ，横６コマの枠にみかんが入っている。ただし，１列目と２列目の右側から３コマには，みかんの入っていないことが描かれた図表カードが，教師から児童の端末に送付される。

全部で何個あるか式を立てるが，式を立てる前に，かけ算にするときの固まりをどのように考えたのか線で囲むように指示をされる。

横に６個の固まり３列と３個の固まり２列を線で囲む児童（６×３＋３×２）や，一番上の列の左側の３個を２列目の右側に移動させ，６個の固まりを４つ（６×４）にする児童もいる。こうして，児童は，図表カードに，様々な考えに基づいた式の立て方や式を書き込み教師に送り返す。教師は，送られてきたカードの全ての一覧をIWBで提示し，瞬時に全体で共有する。こうすることで，式だけではなく，全ての児童の考え方も確認できるので，答えは同じでも様々な考え方があることに気付く。カードは，簡単にコピーして増やすことができるので，児童全員がたくさんの考え方を見つけようと意欲的に取り組む。

また，端末を活用することで，消したり，書いたりが大変容易で，囲む線の色なども工夫でき，考えと立式を結び付けやすくなり，学習が活性化する。

写真 13・14　思考の可視化　　　　　　　　　　　　　　　　写真 15　瞬時の共有

⑹　（全学年）児童用１人１台端末を活用〜「くり返して定着を図る」〜

　「指導の個別化」と「学習の個性化」をめざして，アダプティブラーニング検証校（小学校 12 校，中学校２校）を指定し，１人１台の端末と自動採点ソフトの活用検証を行ってきた。

　紙の算数・漢字ドリルや各教科の紙のワークシートと同じように，端末を使って，全て手書きで解答を入力する。算数の計算だけでなく，漢字ドリルも全て瞬時に自動採点を行う。漢字は筆順も採点する。分数や単位記号，また，算数だけでなく，短い文章を手書きで入力したものも全て自動採点する。ドリル実施中もリアルタイムで児童生徒の実施状況が教師の端末にも反映される。学習ログがとれるばかりでなく，実施中に空欄にメモ書きし，その後，消してしまったデータも全て読み出すことができる。検証校の検証結果では，基礎学力の定着に効果があることが報告されている。また，毎時間の学習内容の定着度が瞬時に分かり，教師の授業改善にもつながりつつある。この検証結果を基に，令和２（2020）年度，小学校全校に自動採点ソフトを導入した。今後は，AI とクラウドの活用も視野に入れながら，より個別最適化した学習活動の創造をめざす。

写真 16　自動採点：漢字ドリル　写真 17　手書きの分数・少数も自動採点　写真 18　手書きメモも復元

3　１人１台端末の活用上の留意点

　端末を効果的に使うためには，自分の活用能力に合わせて使うことや，端末を特別なものとしてではなく，他の学習用具と同じように考えて使うことが大切である。

⑴　教師の端末の活用能力に合わせて段階的に活用する

①　教師が自分の教師用端末１台を活用して授業を行う【２−⑴参照】。
②　学習者用端末をネットワークに接続しないで，グループ１台で使う。

・演技の動作，物づくりの手順などを動画や写真で視聴させる。

③　教師が端末をネットワークに接続して，インターネットや授業支援ソフトを活用して学習課題を提示したり，学習方法の説明に使う。

④　学習者が1人1台の端末を使って，ネットワークに接続して，インターネット検索を利用して調べ学習を行ったり，新聞づくりを行う。

⑤　教師用端末と学習者グループ1台の端末を授業支援ソフトで接続して授業を行う【2－(3)参照】。

⑥　教師用端末と学習者1人1台の端末を授業支援ソフトで接続して授業を行う【2－(4)(5)参照】。

(2)　学習規律の徹底を図る（「パタン」から始める）

ハサミやのりも使うときだけ机の上に出して，必要のないときはしまっておく。端末も他の文房具と同じように，使うときだけ開いて，あとは閉じておくという学習規律をしっかり守らせることが大切である。効果的に端末を活用している教師は，「端末を開いて」で始めて，使用しないときには「はい，パタンして」と指示を徹底している。こうした学級は，端末を使った学習の成果も上がっており，端末の破損，故障といったことも少なくなっている。

(3)　情報モラル教育の充実を図る

机に意図的に傷をつけることも教室の壁に落書きをして汚してしまうことも許されない。子どもたちに端末を自由に扱わせると，デスクトップの壁紙を変更してしまうことがよくある。端末の設定を勝手に変更してはいけないことを，日常のモラルの指導と関連させて，情報モラルの指導もしっかり行っておくことが大切である。こうしたことが，授業中の不正なアクセスや友達のID，パスワードの不正使用等を防ぐことにもつながっていく。

4　自治体が行う学校への支援策と保護者・地域への説明責任策

(1)　学校支援体制の充実を図る（教職経験者による学校訪問ICT活用研修）

ICT活用支援として，ICT支援員の役割は大きい。しかし，ICT機器やソフトの操作のプロではあるが，授業のプロではない。授業を行った経験のないICT支援員に授業での効果的な活用方法の助言まで求めるのは現状では難しい。教師とともにICT支援員の能力の向上を図り，支援体制を充実させていくことが大切である。

本区では，教職経験者が年間90回以上の学校ICT訪問研修を実施し，参加者の延べ人

数も 1,000 人を超えている。研修の内容は，多人数での授業の効果的なポイントを押さえた研修会や個々の教師の授業観察を行った後，学習場面に合わせた具体的な ICT の活用方法を助言する研修も行っている。こうした訪問研修で，教師の日常の授業での ICT の効果的な活用が進むとともに，研修会の準備をしながら，研修会に参加している ICT 支援員も教師と同じように，ICT の授業での効果的な活用方法を少しずつマスターし，教師へのサポートに役立てている。

⑵　全校 ICT 授業公開日の設定

　ICT を活用した授業というと，保護者の中には，全児童生徒が全ての授業で 1 時間中ずっと端末を使って学習しているというイメージを持つ人も多い。また，ICT の整備には，莫大な予算がかかっており，本当に学校に ICT は必要なのだろうかと疑問を抱いている人もいる。こうした誤解や疑問を少しでも解消しようと本区では，全校 ICT 授業公開日を平成 28（2016）年度より開始し，現在は全校で年 3 回実施している。こうした取組により，保護者，地域の方々の ICT 活用に対する理解も深まってきている。

変わりゆく子どもたちの遊び文化

愛媛県松山市立椿小学校教諭 **石田 年 保**

学校は，不思議な場所である。社会がどのように変わっても，学校には今も昔も変わらないものがたくさんあるからである。授業中，先生が教壇に立ち，子どもたちが机に座り学ぶ光景は，今も昔も変わらない。運動会，遠足，掃除などもそうである。そして，運動場で鬼ごっこやドッジボールを，教室でハンカチ落としや消しゴム落としをする，子どもたちの遊びの文化も，ほとんど変わっていないのである。

GIGA スクール構想により，1人1台の端末の整備が始まった。スマートフォンなどの情報端末を手にしたことにより，私たちの生活や社会には様々な変化が起こった。それと同じように，学校にも変化が起ころうとしている。主体的・対話的で深い学びに向けて，学び方も大きく変化するであろう。日常的に端末を操作し，生活をより豊かにするため創意工夫していく子どもたちの姿を想像すると，期待に胸が膨らむ。では，学校の遊び文化も変わっていくのだろうか？

私が小学生だった昭和50年代，放課後，路地裏で鬼ごっこや缶蹴りをしたり，空き地で草野球やドッジボールをしたりして遊んでいたことを思い出す。現在の子どもたちの放課後からは，そのような遊びの姿は消え去り，大きく様変わりしている。今では，インターネットで友達や見知らぬ誰かとつながり，オンラインゲームで遊んでいる姿をよく見かけるようになった。私が子どものころには，想像もできなかった遊びの形となっている。また，友達と一緒にいるのにもかかわらず，それぞれが端末の画面を見つめ，それぞれが興味・関心を持つ世界に没頭している姿を見かける。学校でも，多くの子どもたちが端末からつながるそれぞれの世界に入り込み，そこで遊ぶようになるのであろうか。そう考えると，一抹の不安を感じる。それは，鬼ごっこなどの遊びと，遊びの本質が違うと感じているからである。

では，遊びの本質とはなんであろうか。私の娘の幼かったころのエピソードから考えてみたい。娘は私の背をたたいて逃げることがしばしばあった。逃げながら必ず振り返り，私の顔を見る。そして，私は娘の喜ぶ姿を期待し「待て待て」と言う。娘は，笑いながら喜んで逃げていく。それを見て，私も笑いながら「待て待て」と追いかける。このような，誘いと応答，期待と期待が自分と相手の中で往還している状態。この状態こそが，「遊び」だと私は考えるのである。相手のまなざしや表情，雰囲気から，阿吽の呼吸でその誘いに答え，また，自分も相手に期待を投げ返す。それは，相手の気持ちを察すること，相手を受け入れられる自分の心の「あそび」を育むことにもつながっていると思うのである。

これから先も，学校の昼休みには，誘いと応答の繰り返しの中で，自分と相手の間で揺らめきながら遊ぶ子どもたちであってほしいと願う。そして，教師はこの遊びを文化として捉え直し，守る意識をもつ必要があると考える。

研修編

GIGA スクールを生かす
教師の実践力向上プログラム

GIGA スクール構想は「学びのDX」

鹿児島県総合教育センター情報教育研修課
情報教育研修係係長 **木田 博**

▲ 導入研修①

1 2つの授業が教えてくれたもの

　私がこれまでに参観させていただいた多くの授業の中で印象的な授業が2つある。どちらも2，3年前の同時期に参観した，対照的なこの2つの授業について本稿の冒頭で紹介したい。

①決められた内容にアクセスする授業（小学校社会科）

　授業の冒頭で，教師が子どもたちに「今日はタブレットを使って調べ学習を行います！」と伝えると，児童からは歓声が上がった。しかし，授業終盤までタブレットの出番はなく，残り10分となったころ，教師が「さあ，タブレットのブラウザを開いてください」と児童に指示。その後，「Googleで，○○という用語を検索してください」「次に，検索結果の上から3番目を開いてください」「はい，表示されたページを下の方までスクロールしてください。すると，赤い線で枠囲みしている部分がありますので，そこを読んで考えたことをノートにまとめてください」と，矢継ぎ早に指示を行った。児童たちは終始，まじめに学習活動に取り組んでいたし，その操作も手慣れていた。日頃から，使っているのだろう。ただ，はじめから決められていた内容にアクセスするためだけに，端末を使うことにどのような意味があったのだろうか。

②課題解決にアプローチする授業（高等学校国語科）

　古文の短歌の解釈について教師が説明している場面だった。端末で何やら調べていたA君がふいに手を挙げた（この学校では，授業中に自由に検索してよいルールらしい）。「先生！ ここに書いてある訳と先生の訳が違っているんですけど」。少しクラスがざわつき始めたとき，教師がおもむろに口を開いた。「おもしろいな。よし，じゃあみんなに今から10分時間をあげるので，先生の訳とA君が見つけた訳のどちらが正しいか，調べてみようか」。10分後，生徒たちが出した答えは，先生の訳がほとんど正しいが，異なった視点からの訳も一部あり，それだとA君が見つけた訳に近いというものだった。教師は生徒たちが出した結論を聞き，「そうだね，訳は絶対ではなくて，解釈が異なるものも多いということがこの時間で分かったね」と，授業を締めくくった。

この２つの授業は，校種も地域も教科も違うので，単純に比較はできないが，くしくも同じ10分間の授業時間において，子どもたちにとって意味ある学びが成立したのはどちらであったろうか。

2 GIGA スクール構想は「学びの DX」

(1) GIGA スクール構想実現に向けた分析

GIGA スクール構想は，単に学校現場に等しく機器やネットワークを整備することが目的なのではない。そこにあるのは，ICT 等のテクノロジーを十分に活用して，時代が変わっても変わることを拒んできた教師主導型一斉学習中心の「学びのカタチ」を大きく変えるという教育の新たな取組だと考える。いわば，ICT の浸透によって，教育の世界のあらゆる面において，よりよい方向，より望むべき方向へと変化させるという DX（デジタルトランスフォーメーション）の実現である。

したがって，GIGA スクールにおける ICT の整備は，既存の指導観，学習観をそのまま追認し，それをやりやすくするといった視点で行われるべきではなく，学習指導要領改訂の趣旨に基づきながら，新たな「学びのカタチ」を実現するための整備でなくてはならない。そこで，まず現状と実現する姿を明確にすべく，次のような分析を行った。

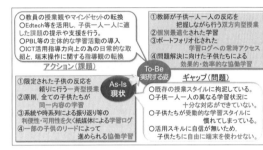

図1 「GIGAスクール構想」実現に向けた [As-Is_To-Be] 分析

この分析に立ち，「実現する姿」を具現化するためには，どのような機器やシステムが，そしてどのような環境が必要なのかという視点こそが，決して欠いてはならない整備の視点となる。

(2) GIGA スクール整備の視点

GIGA スクール構想における「1人1台端末の整備」「高速大容量のネットワーク整備」「クラウド活用」等の整備の方針に沿いながら，前掲の分析に基づいた整備を行うならば，次のような整備が必要となる。

○ 可能な限りリアルタイムで，児童生徒の学習状況を教師及び児童生徒自身が把握・確認可能なシステムがあること。

○ 必要に応じて，教師と児童生徒間，または児童生徒同士でファイル等の配布・回収・交換等が常時，可能であること。

○児童生徒一人ひとりの個別の課題（習熟度や認知特性等）に対応可能なシステムがあること。

○児童生徒一人ひとりにアカウントが付与され，自身の学習履歴や学習成果物にいつでもアクセスでき，再生または編集可能であること。

○１つのファイルを，児童生徒が協働で作成，編集したり，互いの学習成果物にコメントして相互評価したりすることができること。

これらの整備が実現されることで，以下のような学びが可能になる。

図2　GIGAスクール構想において実現可能な「学び」

⑶　学びのシームレス化

図2に示したように，今回のGIGAスクール構想が実現されることにより，大きく変わる学びの特徴として「学びのシームレス化」がある。これまで，児童生徒にとっての学びは，授業を中心とした「学校での学び」と，家庭や課外での「家庭等での学び」に分けられていた。もちろん，この両者は，これまでも関連付けられて行われてきているものではあるが，今後はこれまで以上にシームレス（継ぎ目なく連続的なもの）になっていく。

具体的な例を１つ挙げると，教師が課した課題に対し，児童生徒一人ひとりがどこまで理解して，どこまで解決できたかは，児童生徒の提出物やノート等を確認するまでは十分な把握はできない。また，児童生徒自身も提出物に対する正解や評価等については，教師や友達からの反応（リアクション）を得るまでは分からない。しかし，オンラインでの課題配布とその回収や自動採点等が行われることで，教師は物理的な児童生徒の提出物の確認を待たずして，即座に確認し，個別の支援に役立てたり，次時以降の授業改善に生かしたりできるようになるなど，より効果的・効率的な学習指導を行うことができるようになる。

⑷　1人1台端末と1人1アカウントの重要性

１人１台端末が整備される上でのポイントとして，児童生徒一人ひとりが自身の学習履歴を自由にいつでも閲覧したり，学習成果物等を必要なときに再利用・編集したりするために，自分のデータに安全にアクセスできるアカウントを持っていることが重要である。特にクラウド活用が前提となるGIGAスクール構想においては，その前提となる児童生徒へのアカウントの付与は必要条件である。

児童生徒一人ひとりがアカウントを持つことで，主に次のことが可能になる。

> ○児童生徒に対する授業の資料や課題等の瞬時の配布・回収等
>
> ○個々の学習状況に応じた個別に最適化された課題の提示
>
> ○学習の成果物等の継続的な保存・蓄積
>
> ○安全な環境でのオンライン学習の実現（Web会議，遠隔でのテストや課題の配布・自動採点）
>
> ○教師による児童生徒の学習状況のリアルタイム把握・確認
>
> ○学級全体またはグループごとのファイル作成・同時編集などの協働学習
>
> ○端末の故障時の予備・代替機の即時利用
>
> ○児童生徒による自身の学習データや成果物への校外や家庭からのアクセス　等

⑸　県域ドメインによるアカウント作成とその利点

　児童生徒1人1アカウントの実現に向けて，鹿児島県では県内市町村で同一のドメインによる運用に向けて準備を進めている。これは児童生徒にとっては，他市町村等へ転校しても，アカウントの新規作成や変更が不要となり，学習履歴や成果物の継続利用が可能になることに加え，進学しても，アカウントの引継が可能であり，小学校，中学校，高等学校の12年間にわたって学習成果物の保存や蓄積が可能になるということである。これらの学習履歴を活用し，これらに基づいた個別の課題，個別の指導・支援の改善を図ることで，GIGAスクール構想でめざす「誰一人取り残すことのないように個別最適化され，個々の状況に応じたきめ細かい指導の充実や学習の改善を図る」ことができるようになる。

　また，県内の市町村教育委員会にとっては，市町村で取得すべき教育用ドメインの取得や更新にかかる費用・事務作業が不要となることに加え，アカウント作成に関するポリシー策定作業の簡略化，統一化による設定作業の軽減を図ることができ，アカウント管理や運用においても各市町村間の情報共有を図ることができるようになることが期待される。注意すべき点として，今後は，児童生徒や教職員のアカウント管理に関する業務が生じることは不可避であり，それに伴って教育委員会と学校との業務の役割を明確にしておく必要がある。

3　GIGAスクール構想実現のための研修

⑴　「鹿児島県GIGAスクールオンラインコミュニティ」の開設

　鹿児島県総合教育センターにおいては，GIGAスクール構想の実現に向けて県域での教員研修を推進している。これは，機器等の共同調達に留まることなく，県下全域でGIGAスクール構想において実現すべき学びのイメージを共有することが重要であり，今回の

GIGA スクール構想実現の理念の一つでもある市町村間の格差をなくす上でも有効であるとの考えからである。

　これらの考えに立ち、「鹿児島県 GIGA スクールオンラインコミュニティ」を開設し、「自修」「公修」「共修」の３つの視点からの研修あるいは研修環境の整備を行うこととした。

⑵　オンラインを活用した研修の意義と有効性

　鹿児島県は南北 600km にわたって拡がり，その中には多くの離島を有するため，県内の移動は飛行機や船舶を要する場合もある。このような環境下では，コストや移動時間等の点から，一か所に集めて行う集合研修を頻繁に実施するのは容易ではない。そこで，オンラインを活用した研修等を併用して行うことで，これらの課題の解決を図ることにした。このことは，一人でも多くの教員が研修に参加できるようにすることに加え，オンラインでの参加を通して，オンラインを活用した学習等に対する理解や，機器やシステム操作のスキルを向上させる上でも効果的である。

⑶　「自修（自己研修）〜 Web ページでの情報提供〜」

　教師が，自己研修を行う上で有用かつ有効な情報にすぐアクセスでき，それがワンストップでまとめられていることで，多忙な業務の合間に短時間でも自己研鑽を図ることができるようにするため，教育センターの Web サイト内に特設ページ「鹿児島県 GIGA スクール構想の実現に向けて」を開設した。

　Web ページでは，GIGA スクール構想に関する概要や文部科学省等から出された最新情報等を掲載し，定期的な更新を行うとともに，研修会情報や機器，ソ

図3　教育センターWebサイト内の特設ページ
※http://www.edu.pref.kagoshima.jp/
GIGAschool/top.html

フトウェア等の操作及び具体的な授業での活用事例等を学べる動画サイト等へのリンクを紹介している。

　また，教師だけでなく，市町村教育委員会の行政担当者向けとして，整備や運営上の課題解決に有用な情報（例：OS のアップデートに伴う仕様変更の情報や端末の管理運営上の課題と対応等）を他都道府県での情報を含めて紹介したり，県内自治体の取組等を積極的に紹介したりすることで，教師のみならず，今回の GIGA スクール構想のステークホルダー（関係者）にとって有用な Web ページとなるような内容構成にしている。

⑷ 「公修（教育センター主催研修）～ GIGA スクールオンライン研修～」

⑵で述べたように，県内全ての教職員が自由に研修に参加できるようにするために，教育センターが主催する GIGA スクール構想の実現に関する研修をオンラインで実施している。実施形態は，センターからのオンラインでの配信により，土曜日の午前9時30分から正午までの2時間半実施している。

希望者は，原則として全員参加可能とし，おおよそ月1回のペースで実施しており，休業日に設定することで，本人の希望で自由に参加できるようにしている。なお，県内の市町村では，異なる OS の端末がそれぞれ一定割合で導入されることから，特定の OS や端末に依らない研修内容とした。

写真1　教育センター主催のオンライン研修

また，オンライン研修では一方的な配信ではなく，参加者が手元の端末を操作して，実際に共同編集したり，オンライン上の同一ファイルに書き込んだりするなど，可能な限り双方向の演習による研修コンテンツとなるようにしている。現在（執筆時）までに実施した内容は以下のとおりである。

第1回：「『GIGA スクールって何？』1人1台端末整備で，劇的に変わる『学びのカタチ』」

第2回：「始まる1人1台端末時代！ Google や Windows，iOS 共通で使えるクラウド機能を使った授業のアップデート講座」

第3回：「学習支援システムで授業が進化する！学習支援システム活用スタートアップ講座」

毎回，校種を問わず，約200人が参加しているが，今後はこのオンライン研修に加えて，通常の対面による集合研修や，対面とオンラインの両方によるハイブリッド型の研修等を実施しながら，より多くの教員による参加と充実した研修に取り組んでいく予定である。

⑸ 「共修（相互の情報交換による研修）～オンライン・コミュニティの構築～」

授業での ICT 活用において，実際に活用する際の機器やシステムの操作・設定等に関する情報の不足により，トラブルを解決できなかったり，授業を構想する上で参考となる実践事例等がなかなか見つからなかったりすることも多い。また，研修会等では個別の相談がしにくい等の声も少なくない。この問題を解決するためには，各学校に気軽に相談できる担当や人材がいて，互いにそれを共有できる雰囲気や環境づくりが重要であるのは言うまでもないが，それらを全ての学校において実現するのは難しい。そこで，それを補完するため，教員同士で互いに質問，回答し合ったり，情報交換し合ったりすることが可能

なオンライン・コミュニティを構築する。ここでは，実践事例を紹介し合ったり，研修会の案内を行ったりするなどの開かれたフォーラムづくりを目的とする。現在は，そのプラットフォームとなるコミュニティ・ツールを検討しており，教員用アカウントの配布後に開設予定である。

⑹　問題解決型情報モラル・情報セキュリティに関する学習の充実

前述したように，児童生徒及び教職員一人ひとりがアカウントを持つことが前提のGIGAスクール構想において，これまで以上に重要性を増すのが，情報モラル・情報セキュリティに関する学習である。

具体的には，次のような内容の指導について充実を図る必要がある。

○メール，チャットが自身の端末から自由にできるようになることから，情報の送り手及び受け手として，人とコミュニケーションをする際に必要となる思いやりや礼儀に関する指導を充実すること。

○常に身近に端末があり，様々な情報にアクセスできるようになるとともに情報発信の主体となることから，インターネットの公開性や記録性について十分に留意しながら，Web上における法と正義について理解した適切な行動がとれるようにすること。

○一人ひとりが持つアカウント（IDやパスワード）の意味と重要性について理解し，それを他人に伝えたり，知られたりすることによって起きる様々なトラブルや危険性についても十分に理解し，アカウント等の適切な使用や管理ができるようにすること。

○端末を持ち帰り，家庭等で使用することになることから，深夜に至るまでの長時間の使用等，自他の安全や健康を害するような行動を抑制したり，そのための自己や家庭でのルールづくりを行ったりすることができるようにすること。

○ネットワークで結ばれている端末で行った行動は，何らかの形でログが残されており，たとえWeb上でも，決して完全な匿名とはなり得ず，不適切な行動は特定される場合があることを理解すること。

これらの学習を行う上で大切であるのは，端末を利用する上でのリスクを気にするあまり，端末に過剰な制限をかけてしまわないようにすることである。実際には多くの児童生徒が，整備される端末以外にも日常的にインターネットに接続できる機器を有している環境にあることから，端末に制限をかけることによるリスク回避ではなく，端末を利用する過程で生起するであろう様々なトラブルや問題を想定し，これらを適時，情報モラル・情報セキュリティに関する有効な教材として，児童生徒自身が問題解決していくようにすることが重要である。

4 児童生徒自身が端末を自在に活用する「学び」へ

(1) 教師は児童生徒に端末を使わせていない？

図4のグラフは，文部科学省が実施している「学校における教育の情報化の実態等に関する調査」におけるICT活用指導力の推移を示したものである。このグラフが示しているのは，「授業中にICTを活用して指導する能力」の上昇率に比べ，「児童・生徒の活用を指導する能力」はあまり高まっていないということである。このことから，教

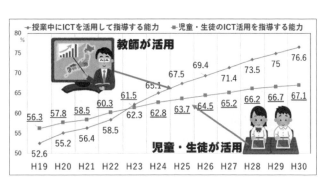

図4　ICT活用指導力の推移
　　※「学校における教育の情報化の実態等に関する調査
　　　　（H19〜H30）」（文部科学省）を基に作成。
※R元年度は，調査項目が異なるため単純な比較ができない。

師は，自分でICTを活用するようになってきてはいるものの，児童生徒に使わせるような学習はあまり行われていないことを示している。その理由として児童生徒が自由に使える環境が整っていないということも挙げられるが，このままGIGAスクール構想において1人1台環境が実現するといっても，これまで，教師が効果的・効率的に分かりやすい授業を実現することに主眼が置かれてきたICT活用の現状が，この整備に伴って一変するとは考えにくいのではないか。

(2) 児童生徒が活用する授業のスタイル「しら・とる・つく・とる」

ほとんどの教師が授業に対して責任感を持って臨んでいる。分かりやすく質の高い授業をしたいと願っている。それは教師としての良心であり，使命感である。しかし，その思いが先立ち，児童生徒用の端末については，その操作方法から授業での適切な活用方法に至るまで，しっかり熟知してから使わせようとする傾向がある。そこで，教師が端末を効果的に活用することと並行して，児童生徒自身が端末を活用して，学びに生かし，問題解決する具体的なモデルを示すことが肝要である。ここでは，それを下の単純化した活用モデルを示すことで，児童生徒による活用の促進を図っている。

○「児童生徒による端末の活用モデル」

①しら「調べる」

　例：情報を集める。作り方や方法を動画で見る。分からない用語を調べる。Web会議
　　　で専門家に聞く。シミュレーションで試す。

167

②とる「撮る」

例：考え（ワークシート等）を撮って送る，共有
　　する。ノートを撮る。観察対象を撮る。実験
　　の過程を撮る。メモとして撮る。板書を撮る。

③つく「作る，創る」

例：グラフに表す。デジタル壁新聞を作る。プレ
　　ゼンテーションを作る。地図にまとめる。協
　　働でまとめる。音楽や作品に表す。プログラミングする。

図5　活用モデル「しら・とる・つく・とる」

④とる「録る，残す」

例：作品を録る。スピーチ・朗読を録る。演技・演奏を録る。話し合いを録る。活動の
　　過程を録る。学習を記録する。

5　学びのマインド・チェンジ

　これまで述べてきたように，GIGA スクール構想においては，端末の整備はあくまでも
入口であり，本丸は，既存の「学び」に対するマインドを大きくチェンジしていくことに
ある。それは，単に知識を伝達し，技能を系統的・段階的に習得させることのみに主眼を
おいてきたであろう「指導観」を，本来，学習の主体者である子どもたち自身が，様々な
ツールやテクノロジーを駆使しながら問題解決していくその過程を，発達の段階を考慮し
ながらサポートするという「指導観」に変えていくことだと考える。それは児童生徒にとっ
ても同様であり，受動的な「学習観」に慣らされている状態から，主体的，問題解決的な
「学習観」に転換していくことが求められている。

　その最大の契機となるのが，今回の GIGA スクール構想である。せっかく一人ひとり
に端末が整備されても，各学級に配置される充電保管庫に，大事にずっと保管されたまま
の状態では，GIGA スクール構想は画餅に帰し，児童生徒，教師の両者のマインド・チェ
ンジは到底望めない。

　そこで，まず，どの市町村，どの学校，どの学級でも実践できる GIGA スクール構想
の「はじめの一歩」として，センターでは
集合研修，オンライン研修を問わず，**図6**
のスライドを提示することにしている。

　子どもたちが，問題解決のために，自由
に，そして自在に端末を活用することがで
きる。それを令和のスタンダードな学習環
境とするために，「端末を，子どもたちの
机に置くことから，始めてみましょう」と。

図6　GIGAスクールの「はじめの一歩」

GIGA スクール構想を推進させる効果的な教員研修の一手

△▲ 導入研修②

鳥取県教育センター教育企画研修課
係長　**岩﨑有朋**

本稿では，筆者が県教育センターに赴任した令和2年4月からのGIGAスクール構想に係る取組について述べる。

1　GIGA スクールに係るハード・ソフトの整備

①端末の整備について

鳥取県では，GIGAスクール構想に基づく端末は自治体ごとに調達している。一方，鳥取県教育委員会としては，1人1台端末を学習に有効活用するため，県内統一して，教育用の学習用ツールであるGoogle社のGoogle Workspace for Education（以下，GWS）を利用するよう準備を進めてきた。このことのメリットは次のとおりである。

・OSに依存することなく，導入される全ての端末で活用できる。
・小1から高3まで同一アカウントを利用し，学習の成果を蓄積できる。
・県内での転校，進学等でも同一アカウントで継続利用できる。
・小→中，中→高と進学しても同じ学習用ツールなので学び直しがない。
・学習に必要なアプリがGWS（無料）に含まれている。
・人事異動後も同一アカウントで今までの教材等の資産をそのまま使うことができる。

これらのメリットを示しながら，県教委の担当者で全市町村教委に訪問し，GWSについての説明を行い，導入に向けての下準備を行った。それらを踏まえて，それぞれの自治体での考えが反映された調達になっている。小学生はiPadで，中学生はキー入力を意識したChromebookという選択，同じ機種で継続して利用できるメリットを生かして小中学生全てChromebookという選択，今までの資産を活用するためにWindows端末という選択といった具合である。

②通信環境の整備について

次に，通信環境についてだが，まずは学校教育に係るネットワークについて触れる。

県内の情報通信の基幹回線である鳥取情報ハイウェイに接続されている鳥取県教育情報通信ネットワーク（以下，Torikyo-NET）は，平成10年12月にスタートした教育用ネットワークである。今後，1人1台端末環境になり，GWSのようなクラウド型学習用ツー

169

ルを扱う事態に備えて，県と市町村が連携して自治体ごとの通信環境の調査を行い，現状把握に努めた。

　Torikyo-NET も GIGA スクール構想による端末の接続増大に伴い増強を行っている。また，自治体によっては独自回線を引いて環境整備をしている。さらに鳥取県教委は島根大学と連携協定を結び，いち早く SINET（学術情報ネットワーク）につなげる準備をしており，これについても令和 3 年 3 月中に接続が完了する。

③ソフトの整備について

　鳥取県では小 1 から高 3 までの 12 年間を通して，情報活用能力を育成するための接続イメージを策定している（**図1**）。

　この接続イメージを実現するための具体的な手立ては先述したとおり，GWS の活用である。県教育センターの GIGA スクール構想に伴う研修では，県内統一導入の GWS を中心に行っている。

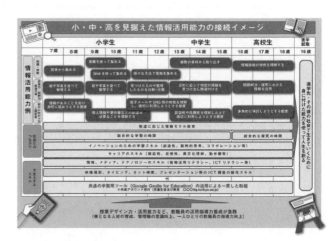

図1　12年間の接続イメージ

　また，全国一斉休校の事態を受けて，鳥取県教育委員会では県内小中学校に，自立学習を支える e ラーニング教材「すらら」のアカウントを付与し，休校時の家庭学習の一助として環境の提供にいち早く動いた。そもそもこの「すらら」という e ラーニング教材は不登校児童生徒の学力保証という観点でコロナ禍よりも前から県教委が少しずつ導入を進めてきていた実績があり，その拡張という形で早い対応ができた。

2　GIGA スクールに向けた教職員研修（リーダー育成編）

　児童生徒に付けたい情報活用能力等が**図 1** のように明確になると，次にその資質・能力，スキル等を育むための教員の研修が重要となる。県教育センターでは**図2**のように校内の情報推進体制のイメージをつくり，推進リーダーの育成と校内体制の充実の 2 本柱で情報化を推進している。

　まず，①管理職研修，②情報化推進リーダー研修，③次期リーダー育成研修の推進

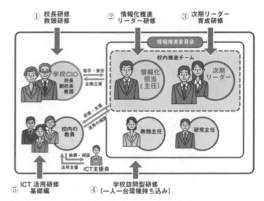

図2　校内体制を支援する研修のイメージ

リーダー育成について述べる。

①管理職研修

　校長研修，教頭研修では，学校CIO（学校の情報化最高責任者）としての役割の重要性，校内体制の構築，自校の情報化についての自己チェック等，管理職だからこそ必要な点について研修（**写真1**）を行った。しかし，管理職によってGIGAスクールへの理解も大きな差がある。GIGAスクールをチャンスだという声のある一方で，端末が大量に入ってくれば情報担

写真1　校長研修

当が潰れてしまうと心配される声，学校は他にもやることがあるのだと忙しさに拍車がかかることを危惧する声など様々である。しかし，情報化推進には管理職の旗振りがとても重要なので，管理職研修だけではなく，校長会理事会などにも出かけ，先行事例の具体的な映像を提示するなど積極的に情報提供を行い，その理解の促進に努めた。

②情報化推進リーダー研修

　例年は新任の情報担当者だけを集めて，教育の情報化についての講義や校内研修の情報交換等を行っていたが，令和2年度は全校種の情報担当を悉皆研修として集め，GIGAスクール構想に伴う新しい授業づくりの必要性，小・中・高の先進的な事例の紹介等を行った。県内全ての学校に悉皆をかけたためかなりの人数になることや，3密を防ぐために，会場を県内東・中・西部の3会場に分け，オンライン研修として各地域を結んで実施した。

　ただし，各校の情報担当者が必ずしもICT活用や機器，ネットワーク等について知識や経験が豊かな人ばかりではない。研修中も，今後大量に端末が導入された後の不安を口にする様子も見られた。私が担当した会場には教え子が情報担当として参加していたが，彼女も「何も分からないまま春から担当になり，このような大きな導入となるとどうしたらいいのか……」と困惑の表情であった。数か月のうちに全校児童生徒に端末が届き，県教委からは全員分のGWS用のアカウントを付与して，GWSを活用していきますとアナウンスされても，それがどのようなものかも十分には分からない。この研修はスキル研修ではなく，校内体制構築の必要性の理解や情報担当としてのマインドセットの意味が大きいのだが，そこから学校の同僚に共有していくことや，実際に端末が入ってきたときの対応など，難しさの具体が見えてくる機会にもなった。

③次期リーダー育成研修

　各校には情報担当が校内分掌として位置付けられているが，情報担当だけでは校内の情報化推進は難しい。そこで，年度途中に急遽設定をしたのがこの次期リーダー育成研修（同じ内容を7会場で実施）である。情報担当を孤立させず，複数名のチームとして校内の情報化推進を行う人材を育成するための研修として，情報化の必要性理解と具体的なGWS

の運用基礎スキルについて扱っている。校内推進のリーダー育成と謳っているので，参加する人のスキルもある程度あり，この研修ではGWSの様々な機能についてスキル研修ができ，さらに学校によっては1校から2名の参加といった具合に，まさにチームを構築しようという管理職の理解の下，複数名で参加した学校もあった。

　この次期リーダー研修の効果が表れた事例がある。A中学校の情報担当と教務主任が次期リーダー育成研修に参加していた。訪問した校内研修ではその2名が支援者として先生方の間をこまめに回り，技術的なサポートをしていた。その結果，ほとんどの先生が「自分でもできた」という手応えを感じ，研修後の振り返りアンケートでも「これからの活用に向けてイメージが持てた」というコメントが多く見られた。

　管理職の積極的にICTを活用していこうとする姿勢，情報担当をはじめ複数名での情報化推進体制，そして同僚同士の教え合える雰囲気。これらが相まって効果的に研修が実施できた事例である。

　しかし，学校現場はコロナ禍の中，感染防止策を講じながらの授業，放課後の除菌や様々な行事見直しと多忙を極める。だからこそ，管理職のマネジメント力やリーダーシップが必要となる。以前，職場でとある改革案を提案したが難色を示す者もあり，廃案になるかと思ったときもあった。しかし，当時の校長が「まずはやってみよう。そしてどうしても難しかったら元に戻せばいい」と決断してくださった。その言葉は，「やると決めたのだから，だったら後戻りしないように頼んだよ」と改めて覚悟して取り組めと言われたように感じた。それほど管理職の言葉は重く，部下の気持ちに火を灯す力がある。また，推進リーダーにしてもそうである。「GWSってなに？」という状態で緊張した研修会場でも，推進リーダーの対応によって少しずつリラックスした雰囲気になり，研修のスピードが上がる。所詮は，人と人の関わり。改めてそう感じる。

3　GIGA スクールに向けた教職員研修（校内体制充実編）

　次に，④学校訪問型研修，⑤ICT活用研修基礎編の校内体制の充実について述べる。

④学校訪問型研修

　鳥取県教育センターでは令和2年度6月補正でChromebookを80台，モバイルルーターを20台整備した。そのねらいは整備前にGIGAスクールの1人1台環境をつくり，体験を通してイメージを持ってもらうことである。チラシ（図3）を作成して配布したところ，予想以上の勢いで各校から研修依頼が入ってきた（令和3年3月で95件）。実施した学校からは，校内全員が同時に学ぶことができることや1人1台環境を体験できると評価されている。

　この学校訪問型研修は，鳥取県が推奨するGWSの操作研修とGIGAスクール構想についての校内全体での共通理解が主な目的であり，ChromebookかiPadを持ち込んで研修を行っている。さらに，この研修のウリは研修で使用した機材を希望があればそのまま1

週間ほど貸し出して活用してもらうことである。正規に端末が導入されるまでに教員が使えるようになろうと貸出を希望される学校もあり，その積極的な対応の姿に頭が下がる。

⑤ICT活用研修基礎編

文部科学省「学校における教育の情報化の実態等に関する調査結果」において，教員のICT活用指導力自己チェックで「B：授業にICTを活用して指導する力」「C：児童生徒のICT活用を指導する力」のいずれかに評価1をつけた人は，教育センター主催のICT活用研修基礎編を受講するようになっている。評価1をつけた人は全体で3％程度だが，これを2年ほどで1％以内にして，県内の教員のICT活用レベルの底上げを図る。

図3 募集チラシ

もう1つ，校内体制を支える取組として「とっとりICT活用ハンドブック」（**図4**）がある。このハンドブックは理論編と実践編に分かれている。理論編は国や県の施策に基づいて，教育がどのように変わるのか，鳥取県教育の方向性を示している。実践編はICTを活用した10の学習場面に応じて，その具体を示し，学齢に応じた情報活用能力を育成するレベルを示したりして，授業づくりの参考に活用できるように作成されている。学校訪問型研修では，このハンドブックを持参して配布するだけでなく，この内容を示しながら，研修内容と関連付けてICT活用のポイントを示すようにしている（鳥取県教育センターHPからダウンロード可能）。

図4 ハンドブック

4 見えてきた導入に向けての課題

初期段階の学校訪問型研修実施学校にご協力いただき，ICT活用についての困りごとについて複数回答でアンケート（n=75）を行い，実態把握に努めた。そのうちの5割強がICTスキルについての何らかの困り感であることが分かった。その主なものを次に挙げる。

・思うように使えなくて時間がかかる。
・私自身の活用についての引き出しが少ない。
・機器の接続や設定で時間が取られてしまう。
・有効な活用方法が分からない。

研修編

GIGAスクール構想を推進させる効果的な教員研修の一手

・授業での活用に準備が追いつかない。

　タブレット端末が校内に1クラス分程度あり，必要なときに利用でき，Webにも安定して接続できる。鳥取県の公立小中学校にそのような学校はこれまでほとんど見られなかった。ところがGIGAスクールで環境が激変するのだから，教員の負担感は増す一方である。上記のようなスキルへの困り感を減らし，少しでも安心感を持って活用に向かえるようにすることが，学校訪問型研修で行う重要なポイントだと考える。

　そこで訪問型研修に当たっては次のように準備・運営を行っている。

①準備

　訪問する学校については予め担当者と連絡を取り，学校の現有機材，教員のICTスキル，日常の活用の様子などを細かく聞くようにしている。その上で，どこまでをめざすのかというゴール設定を担当者と相談するようにしている。学校の実態に応じて少しずつアレンジを加え，プレゼンの変更や研修で扱う演習課題などの難易度を変更する。

②研修のはじめ

　「研修講師は基本的に教えません。困ったら近くの人を頼ってください。困っている人がいたら近くの人だけでなく，席を立ってでもフォローしてください」と最初にお願いをしている。**図5**はそのときに示すスライドである。日常的にお互い様の相互支援体制を作ることが学校訪問型研修（**写真2**）の肝である。また，この動きはそのまま児童生徒のICT活用場面につながる。「例えば，操作説明時に，クラスの5人が分からないと手を挙げたとき，一人ひとりに対応していて授業は進みますか？」と先生方に問いかけると首を振る方が多い。教員はICT支援員的な

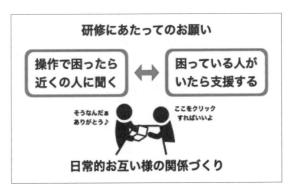

図5　マインドセット

写真2　校内研修（学校訪問型研修）の様子

動きをするのではなく，分からない児童生徒がいたらクラスの仲間が助けるように仕掛けることがポイントだと説明している。「あそこで手を挙げて分からないと言っているけど，○○さん，少し様子を見てあげて」と支援を促し，教員は関わりの様子を観察する。そして，「○○さん，上手に教えてたよね。ありがとう」と承認のコメントを返す。子ども同士を関わらせ，簡単なスキル的トラブルは自分たちで解決する関係を作らせることで，授業の流れが止まることを最小限に抑えながら授業を進めることができる。そういうめざす

姿を研修中に意図的に作り，関わる姿
を取り上げ，そして「このような運営
をすることで，効率的にスキルを高め
たり授業の進度を確保できますよ」と
意味付けを行う。

③研修の中身

　GWS の基本的スキル研修（**図6**）
を中心に行う。日常は Word で文章
を作成し，PowerPoint で教材を作っ
たりしている先生方には，GWS のド

図6　GWS の研修内容

キュメントやスライドといったアプリを実際に使ってもらい，ほとんど同じだという手応
えと，今まで作ってきたファイルも読み込めることを伝えて，安心して使っていけるとい
う感覚を持ってもらう。さらに，ファイルを共有するための手順を説明し，実際に3，4
人で1つのプレゼン資料を同時編集する活動を仕掛ける。個々に画面に向かってバラバラ

に学習しているようだが，実は画面の
向こうではグループのメンバーとつ
ながっており，協働的に学習するため
にテクノロジーを有効活用している
と身をもって分かってもらうような
研修デザインである。

　その上で，この機能をどのような場
面で使えそうですか？　と問いかけ，
それを Jamboard という付せんアプ
リ（**図7**）を用いて意見交換を行う。
そうすると，「なるほど」という声が

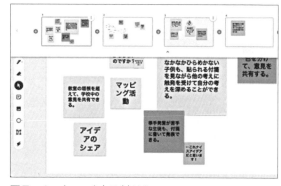

図7　Jamboard 上の付せん

会場から聞こえてくる。共有する機能は分かったけれど，それを授業で使うとなるとイメー
ジがすぐに浮かばない人もいる。しかし，グループごとの議論を付せんにして，それを他
のグループの内容も自由に見ることができるようにすることで，様々な活用イメージに触
れ，結果として自分なりの活用イメージを持つことができる。受講者の振り返りシートの
コメントにも，「授業で使ってみたくなりました」「自分でもできる気持ちになりました」
といったものが見られるようになる。

　1つのプレゼン資料を共同制作しながら，そこでの気付きを共有ボードに付せんを貼り
ながら他者の考えにも触れる。今までは1人1台あっても，その多くが，各自が個別にプ
レゼン資料を作り，他者の考えには発表を通して触れる程度だったが，このようなクラウ
ド型システムを活用することで，関わり合う頻度が高くなることが分かる。授業で児童生

徒が扱うツールが変わることで，育むことのできる力が変わり，さらに授業デザインそのものも再設計していく必要があることが受講している教員にダイレクトに伝わる。

　いくら授業を変えましょうと言っても，届いてほしい人にまで届かない今までと違って，学校全体でこのように研修することで，同僚の先生と一緒になって授業を変えていく必要性を感じてもらう。地道な研修ではあるが，届けたいところに直接届けることができる研修方法なので，とても有効な手段であると考える。

　印象的な研修後の振り返りコメントがある。「私は操作が苦手で，忙しそうにしている回りの先生に質問することにいつも遠慮していました。でも，こうやって質問して解決できるのだから，これからはもっと教えてもらうようにします」というものだった。日常的に使う途中には，「あれ？　どうだったっけ？」「どうして共有されないの？」といった困った場面が生まれる。それを同僚への質問や相談で解決していくことが，結果として校内のICT活用指導力の向上につながると考える。学校訪問型研修はその素地を作っている。

　一方，令和３年度４月からの本格運用までに，児童生徒のアカウント管理，端末の利用のルール，破損時の対応手順などを決めておく必要があり，県教委と市町村教委担当者では月例のオンライン会議を行いながら，県としての方向性を理解した上で市町村それぞれの運用規定を定め，現場におろし始めている。現場はそれを受けて，さらに自校での具体的な活用をイメージしていく段階になっている。ここで大切なのは，学校としてめざす活用の姿を職員で共有しておく必要があるということだ。YouTubeの視聴をとめる，教員がいるときしか使わない，他者に対し不用意なコメントを書く恐れがあるから共有させないなど，現場での心配事を防ぐための禁止事項は枚挙にいとまがない。ルール違反があれば一斉粛清の如く使用制限をかける。そのような残念な事態を招かないためにも，４月に児童生徒に渡すまでに運用ルールを作り，児童生徒に渡すときにどのような話をして，使い方のレクチャーは誰がするのか，キーボード入力のスキル格差はどうするのかといったことや，教員によって使う・使わないという格差についてなど，クリアすべき課題が山積している。

　このように予防的な措置を講じながらも，万が一問題が生じたときには，リテラシーのレベルを上げるチャンスだと思って，児童生徒にも考えさせる機会にすることである。いずれ，社会に出たら制限のない中，自己判断と自己責任の下活用していく。それまでに児童生徒と教員で一緒に考え，有効なツールとして使っていく環境ができたとポジティブ思考で向き合わなければ，いつまで経っても普段使いの道具としてのICTとはならない。

5　1人1台が導入された直後の「導入研修」について

　鳥取県では，令和２年度内に納入がほぼ完了する。導入後の稼働率を上げるための方法の一つは，どの授業の振り返りでも児童生徒が各自の端末を活用してアンケート機能を使って回答するということである。これはいろいろな先生と話をしながら気付かされたこ

とだが，学齢が上がれば，コメント入力させることでタイピングの機会も毎時間確保される。どの授業でも使い，どの先生も使うということになり，この繰り返しが日常化への一手になる。

　また，今後，「学習履歴（スタディ・ログ）を簡便に，継続的に蓄積する」と文部科学省が示すとおり，アンケート機能を活用すれば，児童生徒が回答したものは，項目ごとに集計されたり，表計算アプリで処理できる形式でエクスポートできる。今までは用紙を配布，記入させた後に回収して，それを帳簿に転記したり，表計算ソフトに入力していたはずである。それらの手間が全て省かれる。これは働き方改革にも通じる。

　一方，県教委としてどのように現場を支援できるのかというと，いくつかの手立てが考えられる（あくまで私案であり，次年度の取組として協議していく予定）。
・現行の学校訪問型研修を4月からすぐにでも行う（3月から募集開始）
・学校別のオンライン研修（内容を絞って，放課後45分間程度）
・センターが企画する自由参加のオンライン研修（例：アンケート設定という研修内容で学校にミーティングIDを通知しておき，参加できそうなら自由に参加してもらう）
・現行のヘルプデスクの活用（メール・電話でのGWSについての対応可）
　いずれにしても，集合研修のように仰々しく企画して構えて行うものではなく，1つでいいから学校の教員全員が（先のアンケート機能のように）できるようにして，それを日々実行していく。そのためのピンポイントの訪問または短時間のオンライン研修で支えていくことで学校のICT活用推進の一助になればと考える。

　YouTubeを見れば各種アプリの基本操作研修はほぼ解決する。大切なのは，その機能にどのような教育的な価値付けをするかである。それができるのは教員であり，その教育的な価値を体験的に学ぶ時間（授業）を作り出せるのも教員だけである。そう考えると，授業づくりというものはとてもクリエイティブな仕事であり，GIGAスクール構想の実現は日本の教員の総力戦として，変化を楽しみながら新しい教育観を作り出すまたとない機会ではないだろうか。

　その考えの根底には「軸足を児童生徒に置いて考えろ」と若いころに教えられた先輩の言葉がある。子どもたちはこれからの時代をつくる大切な存在である。その彼らに今考えられ得る工夫を凝らして授業を提供する。それによって彼らの才能がどう芽吹くかは分からないが，ICTは苦手だからと逃げるのではなく，互いに教え合いながら使っていこうとする教員集団の姿や苦手を克服する教員個々の姿は，それこそが困難を切り拓くよきモデルとして映るはずである。

　そうして，今はまだ解決できない問題を，次の世代が今はまだ想像できない方法で解決するかもしれない。そのために，今の時代を生きる教員として互いに知恵を出し，つながり合い，難局を乗り越えていくことでこのGIGAスクール構想が結実するだろう。そういう時代に教育に携わることができ，なんとも刺激的な教職人生だと思う。

▲△ 授業づくり研修　　　　　　　　　　　放送大学客員教授　**佐藤幸江**

1　学校で取り組む研修のススメ

本節では，研修そのものの考え方と研修の在り方を簡単に解説したい。

(1)　学校みんなで取り組む研修

小学校は 2020 年度，中学校は 2021 年度から学習指導要領が全面実施となる。今回の改訂では，子どもたち一人ひとりに未来社会を切り拓くための資質・能力を確実に育成するため，求められる資質・能力とは何かを社会と共有し連携する「社会に開かれた教育課程」の理念の実現をめざしていると示されている。そして，その理念実現に向けて，教育課程全体を通した教科横断的な視点を入れて教育活動を改善すること，「主体的・対話的で深い学び」の実現をめざす授業改善の必要性が示されている。また，GIGA スクール構想においては，多様な子どもたちを誰一人取り残すことなく，子どもたち一人ひとりに公正に個別最適化され，資質・能力を一層確実に育成できる教育 ICT 環境の実現をめざしている。

このように，学校現場では，まさに「パラダイムシフト」が求められているのである。さて，みなさんの学校では，どのような進捗状況にあるだろうか。このような大きな変化が求められているときには，一人の教員の努力ではなかなか変化に対応できない。そこに，学校みんなで取り組む研修の必要性が出てくる。

(2)　様々な研修の形態の検討

研修会を設定する際には，様々な形態が考えられる。ぜひ，ご自身の学校の実態に合わせて，年間にどのような研修を位置付けるか，検討していただきたい。

○校外研修との連携

校外で研修したときには，その成果を校内の教員に還元しよう。ほとんどの場合，教育センターや他機関・団体等で研修すると，そこで得た情報は個人の財産になって終わりがちである。研修をより効果的なものにするためには，校外で行われた研修成果を校内研修

で生かしたり，ミニ報告の場を設定したりして，その成果の共有を図ることが大切である。

　例えば，鳥取県教育センターでは，「GIGA スクール構想」の実現に向けて，図1にある
ように「校長研修，教頭研修」「情報化推進リーダー研修」「次期リーダー育成研修」「ICT
活用研修」と，各校に1人1台端末を持ち込み，GIGA スクール環境を体験する「学校訪
問型研修」の5つの研修を実施しているという。本書 p.170 以降に，鳥取県教育センター
教育企画研修課係長の岩﨑有朋先生が詳細を記述しておられるので，本節においては概要
をご紹介するのみにとどめておきたい。

　まず，ビジョンを持って学校運営に
携わるために，「校長研修，教頭研修」
においては，文部科学省の「『学校の
情報化』に向けた管理職のアクション」
チェックリストを参考に作成したチェッ
クリストを使って，自校の情報化の実
態把握をする。実施に向けて方向性の
弱い項目があれば学校に持ち帰り，副
校長や教頭と対策を検討してもらう。
「情報化推進リーダー研修」では，小・
中・高校の先導的な実践校の発表もあ

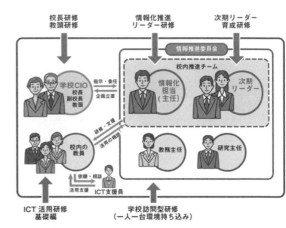

図1　教育センター主催の5つの研修

り，それらを参考にしてもらいながら校内研修の計画を立てる研修を企画している。せっ
かくの機会を，校内への情報共有や校内研修と連携されたかどうかで，だいぶ学校運営や
教員の意識が違ってくるのではないだろうか。

○外部講師の招請

　先進的な試みやより専門性が問われるような内容の研修では，大学や他校の教員，教育
委員会や研究所等の外部からの講師を招いて研修会を行うことも必要である。専門的な立
場から指導・助言を受けることは，これまでの自身の考えを再構築する機会となる。また，
単に講話を聞くという研修ではなく，授業研究を伴う研修の場を設定することは，授業の
デザインを変えることに非常に有効に働く。つまり，自分の授業に関して指導案を作成す
ることで，教材研究をしっかりと行い授業のねらいや手立てを明確にしたり，自分の児童
観や授業観，教材観を振り返る場となったりするからである。そして，そのように時間を
かけて構想した授業を，客観性のある第三者に参観していただきその評価を受けることは，
自身のこれまでの授業を振り返り，授業力量の向上や授業改善を図ることにつながる。

　これまで専門性が壁となってなかなか授業研究の進まなかった中学校において，近年授
業を伴う研修会を実施する学校が増えている。写真1は，筆者が3年間校内授業研究に携
わった学校における授業参観後の整理会の様子である。1年目は，研究主任や関心のある
教員だけの参加であったが，だんだんと授業研究が学校経営に位置付き，最終年度には，

研
修
編　授業のデザインそのものを変革する授業づくり研修

179

写真のように各学年団で授業のリフレクションを行い，その成果を共有するというワークショップ型の研修へと変化していった。きっと，校内研修を通して生徒の変容が実感されていったからであろう。

○校内人材の活用

　校内には，様々な専門性や特技をもった教員がいる。校内のよく知っている仲間に教わるのであるから，和やかな雰囲気で研修会を開催することができる。また，一度何かを教わったからといってすぐに理解できたり，できるようになったりすることは少ない。そのようなときに，すぐに何度でも教わったことについて聞き直すことができるのは，とても心強いことである。**写真2**は，筆者が小学校教員だったころ，コミュニケー

写真1　中学校のワークショップ型校内研修

写真2　和気藹々とした研修会

ション力の育成をめざした授業づくりの研修会を行ったものである。各学年に分かれて，コミュニケーション力の児童実態の分析を行ったり，どの授業でどのような手立てが考えられるか検討したり，和気藹々とした雰囲気の中で研修を進めることができた。

2　教員の意識改革と授業力向上をめざす研修
～ GIGA スクール構想を意識して～

　文部科学省においては，**図2**にあるように，「1人1台端末・高速通信環境」を生かした学びの変容イメージを示している。本節では，これらの学びのイメージを持てるように，

(1)　「まずは，使ってみよう」研修

(2)　「子どもたちに表現活動をさせてみよう」研修

(3)　「学びを深めるためのツールにしよう」研修

の3つの授業づくり研修の事例をご紹介する。

　ここでの校内研修は，60 ～ 90 分で研修できるように計画している。

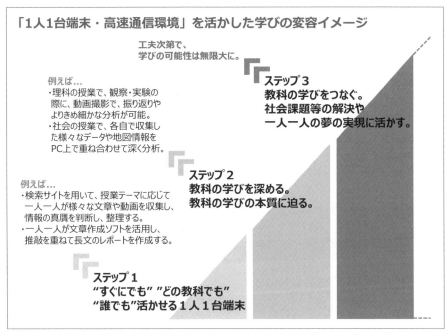

 内のテキスト:

「1人1台端末・高速通信環境」を活かした学びの変容イメージ

工夫次第で、
学びの可能性は無限大に。

ステップ3
教科の学びをつなぐ。
社会課題等の解決や
一人一人の夢の実現に活かす。

例えば...
・理科の授業で、観察・実験の
　際に、動画撮影で、振り返りや
　よりきめ細かな分析が可能。
・社会の授業で、各自で収集し
　た様々なデータや地図情報を
　PC上で重ね合わせて深く分析。

ステップ2
教科の学びを深める。
教科の学びの本質に迫る。

例えば...
・検索サイトを用いて、授業テーマに応じて
　一人一人が様々な文章や動画を収集し、
　情報の真贋を判断し、整理する。
・一人一人が文章作成ソフトを活用し、
　推敲を重ねて長文のレポートを作成する。

ステップ1
"すぐにでも" "どの教科でも"
"誰でも"活かせる1人1台端末

図2　学びの変容イメージ（文部科学省「『未来の学び』構築パッケージ」より）

⑴　「まずは，使ってみよう」研修（60分）

　ここで紹介する研修事例は，1人1台のタブレット端末（以下，端末）を使って対象物の写真を撮り，それを共有して比較検討を行い，規則や法則を見いだすという授業を体験する。これまでも，デジタルカメラを使ったりグループで1台の端末を使ったりして行ってきた授業と同じ流れである。1人1台環境になったときに何が違ってくるのか，どういう点に配慮する必要があるのか等，教員自身が児童生徒の立場になって体験し，考える模擬授業型の研修である。

○事前準備

講　師	参加者
・使用する端末等の確認 ・共有する方法の検討……※1 ・紹介する事例収集……※2 ・ワークシート，付せん紙，模造紙等 ・グループ編成 ・会場設定	・教科書，指導書 ・筆記用具

※1：ここでは，SKYMENU Class を使っている。例えば，iPad であれば Apple TV 等の共有方法があるので，確認をしておく。

※2：ここでは，学校と ICT『タブレット端末活用実践事例集 2020』から，紹介する事例を収集している。

○研修の流れ

時　間	講　師	参加者
0-5	1．研修の概要の説明をする。	・研修の目的を持つ。
	「写真を撮る→根拠に印をつけたり書き込みをしたりする→ 共有して規則や法則を見つける」授業体験	
5-10	2．事例集の事例を紹介する。 　小学校6年生理科「てこのはたらき」を見て，単元目標，単元計画，本時目標，本時展開を確認する。	・「6年生」になって授業体験をすることを理解する。
10-35	3．模擬授業「てこを利用した道具を見つけよう」 　これまでは，先生がプリントを用意して児童がその問題を解くという授業が多かった。 　1人1台の端末を活用することで，第2次までに身に付けた「てこ」に関する見方・考え方を働かせて，自分で「てこ」の働きを利用した道具を探し，支点，力点，作用点を考える学習活動。 　まずは，個で「てこの原理を使った道具であるか確認する→グループで見せ合って，間違いがないか確認する→全体でてこの原理について理解を深める」という流れになることを伝える。 　全体で検討する際には，拡大提示装置などに，各グループの画面を映し出し，道具に見られる共通点を見つけ，てこの働きを使った道具には3つのタイプがあることを理解する。	＜個の学び＞ 　教室にあるてこの原理を使っていると思われる道具の写真を撮り，支点（緑）・力点（青）・作用点（赤）に印をつける。 ＜協働の学び＞ 　写真を見せ合って，見つけた道具がてこの働きを使っているか検討し合う。

タイプ1　支点が中にある道具	タイプ2　作用点が中にある道具	タイプ3　力点が中にある道具
力点が支点から離れたところにあるので，小さな力で作業できるようになっている。	作用点が支点のすぐそばにあるので，作用点に大きな力がはたらく。	力点が支点の近くにあるため，作用点にはたらく力より，大きな力を加える必要がある。逆に，力点で大きな力を入れても，小さな力でものを掴める。

時　間	講　師	参加者
	＜模擬授業はここまで＞	＜全体の学び＞
35-45	4．他の教科で「撮る→印や書き込み→共有」という学習活動について検討する。 　付せんにどんどん「教科，学年，単元，簡単な授業の流れ」を書き出し，模造紙にそれらのカードを広げながら話し合うという方法を提示する。	・グループで検討したことを共有する。 ・指導書や教科書を参考にしながら，考えを深めたり一般化したりする学習活動を考える。
45-55	5．4で考えた授業について発表し合う。 　時間がない場合には，模造紙を広げておいて，全員が移動しながら情報共有を図ることもできる。	・どんなことに気付けたか感想を出し合ったり，互いに学び合えたことを讃え合ったりする。
55-60	6．まとめる	

182

(2) 「子どもたちに表現活動をさせてみよう」研修（90分）

　ここで紹介する研修事例は，学習者が自分の思いや学んだことを動画で表現するという学習活動である。他者への説明や紹介をするための資料を収集する中で，理解の弱い事柄に気付いて学び直したり，どのように伝えると分かりやすいか構成や言葉を検討したり，学習者が主体となって学びを進める学習活動となることを期待している。生まれたときからデジタルな環境の中で生活している子どもたちにとって，動画制作は決してハードルが高い学習活動ではない。本研修で，先生方に動画制作を体験していただく意味は，その面白さを味わっていただくことにある。

○事前準備

講　師	参加者
・使用する端末等の確認……※1 ・共有する方法の検討 ・紹介する事例収集……※2 ・付せん紙，模造紙等 ・会場設定	・Apple ID

※1：ここでは，Apple の Clips を使う。Apple の「Clips」（クリップス）は，簡単に，様々なシーンをビデオとして切り取れる無料のアプリ。その場で撮影したビデオや保存済みの動画を編集したり，テキストや音を入れたりできる。

※2：ここでは，Apple の Web ページ「教師のためのリソース」から事例を紹介する。
https://www.apple.com/jp/education/k12/teacher-resources/
Clips の使い方は，以下のページで確認できる。
https://www.apple.com/jp/clips/

○研修の流れ

時　間	講　師	参加者
0-5	1．研修の概要の説明をする。	・研修の目的を持つ。
	学校の自慢を動画にして，交流校に知らせよう。	
5-20	2．交流するためのポイントについて話し合う。 　1人1台の学習環境下では，時間（いつでも）・空間（どこにいても）・仲間（学級以外の人とも）を拡張した学習ができる。その際に，留意しなくてはならないことについて考える必要がある。	・付せんを使って，ポイントを整理する。 「相手意識，目的意識の明確化」「Give&Take の関係性」「対面とは違ったコミュニケーションの取り方」「教師同士の密な連絡体制」等
20-40	3．授業で使えるアプリ（Clips）やクリエイティブな事例について学ぶ。 　一人ひとりのスキルが高ければ1人で，あまり使ったことがない教員が多ければグループで，Apple の Web サイトで事例を探したり，Clips の使い方を学んだりする。講師がスクリーンに拡大提示して使い方を説明するという方法もあるが，ここでは自分で積極的に情報を取りにいく体験をしていただく。	・自分から情報を探す体験をする。 ・共に学び合うという姿勢の大切さを体験する。

Apple のサイト

40-70	4．ここから動画制作「学校自慢について動画を作って発信しよう」を体験していただきます。 　　児童の学習活動では，係分担をしたり絵コンテを書いたりして実施するが，ここでは動画制作の体験をしていただくために，個々で Clips を操作していただく。ただ，あまりに初心者ばかりのときには，ペアにする等の配慮をする。	・動画であることの意味を考えながら作成する。 ・分からなくなったら，誰かに気軽に聞くようにする。
70-80	5．作成した動画をグループで見合い，よさを共有する。	・構成や言葉の工夫に目を向ける。
80-90	6．動画制作のよさや課題について，話し合う。 　　どのような学習に取り入れられそうか，動画制作の面白さやどのような試行錯誤があったか，教師は何をすればよいか，評価をどうしたらよいか等，どれかに絞って話し合うこともできる。時間があれば，グループワークで実施するとよい。	・どのような学習で取り組んでいけそうか，積極的に考える。

(3)　「学びを深めるためのツールにしよう」研修（60分）

　学習者1人1台の学習環境が整備されるということは，使い回していたこれまでとは明らかに違った活用ができる。日常的に様々な教科で活用していくうちに，教師も学習者もこんなことに使えないかなというアイデアを持つようになる。ここでは，端末を使い始めた教師たちが，アイデアを出し合い，より学びを深める授業づくりのイメージを持つための研修とする。

○事前準備

講　師	参加者
・使用する端末等の確認……※1 ・紹介する事例……※2 ・付せん紙，模造紙，マジック等 ・グループ編成……※3 ・会場設定	・教科書，指導書

※1：共同編集できるようなアプリが搭載されている端末を準備できるようであれば，それを使ってみる。それが用意できないようであれば，模造紙に書き出して発表する。

※2：文部科学省「学びのイノベーション事業実証研究報告書」
　　　https://www.mext.go.jp/b_menu/shingi/chousa/shougai/030/toushin/1346504.htm
　　　文部科学省は2011年度より，1人1台の情報端末，電子黒板，無線 LAN 等が整備された環境の下で，ICT を活用して子どもたちが主体的に学習する「新しい学び」を創造するための実証研究を実施し，報告書をまとめた。ずいぶん前の報告書であるが，十分に授業づくりに役立つ。

※3：アイデアを出し合い授業づくりをする研修である。どのような集団にするとよいか，例えば，学年団のほうがよいのか，教師歴で分けた方がよいのか，事前に検討して決めておく。できれば，グループで中心となって進めるファシリテーター役も決めておくとよい。

○研修の流れ

時　　間	講　師	参加者
0-5	1．研修の概要の説明をする。	・研修の目的を持つ。
	端末を効果的に活用する授業を構想して，共有しよう。	
5-35	2．「学びのイノベーション事業実証研究報告書」を参考にして，授業の流れを構想する。 　学年，教科，単元，端末の効果的な活用場面をグループで練り上げる。	・どのような授業をしたいのか，どんどん発言するようにする。
	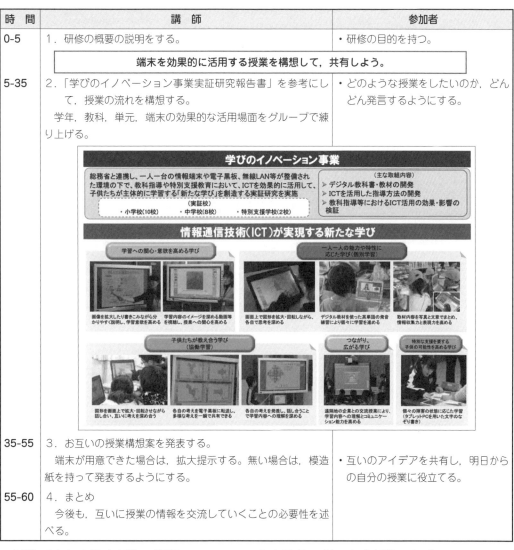	
35-55	3．お互いの授業構想案を発表する。 　端末が用意できた場合は，拡大提示する。無い場合は，模造紙を持って発表するようにする。	・互いのアイデアを共有し，明日からの自分の授業に役立てる。
55-60	4．まとめ 　今後も，互いに授業の情報を交流していくことの必要性を述べる。	

　授業づくりや校内研修の開催については，各自治体で様々な事例集を用意している。これからは，紙媒体で見る資料だけではなく，デジタルコンテンツを用意する必要があろう。**図3**に示す岡山県総合教育センターでは，端末で視聴できるコンテンツを制作し，各学校あるいは個人で視聴し，活用できるようにしている。各学校の研究リーダーは，日頃よりアンテナを高くして，情報をいち早くキャッチし，自身の学校の研修に生かしていくようにしたい。

研　修　編　授業のデザインそのものを変革する授業づくり研修

図3　岡山県総合教育センター e-ラーニングシステム

オンラインでのミドルリーダー研修

放送大学教授 **中川一史**
淡路市教育委員会学校教育課指導主事 **橋ヶ迫 健**
株式会社エデュテクノロジー代表取締役 **阪上吉宏**

▲ リーダー研修

　教育の情報化は，GIGA スクール時代に突入した。特に，学習に関する児童生徒の ICT 環境には大きな変化が見られ始めている。地域や学校では，教育の情報化を進めるミドルリーダーの果たす役割は大きく，この育成が急務である。教育の情報化に関するミドルリーダーの行うべき 4 本柱は，「理念・理論に関する理解・収集・周知」「授業設計・評価」「カリキュラム・マネジメントの推進」「校内体制のマネジメント」がある。研修で進めていく場合には，そのどこに重点を置くか，バランスよく進めるのか，目的や実態によって変わってくる。

　また，教員の ICT 活用指導力に特化すると，文部科学省が 2020 年に公開した「教育の情報化に関する手引（追補版）」第 6 章「教師に求められる ICT 活用指導力等の向上」によると，教員の ICT 活用指導力チェックリストは，「A：教材研究・指導の準備・評価・校務などに ICT を活用する能力」「B：授業に ICT を活用して指導する能力」「C：児童生徒の ICT 活用を指導する能力」「D：情報活用の基盤となる知識や態度について指導する能力」の 4 つの大項目から構成されている，と整理している（**図1**）。さらに，「A：教材研究・指導の準備・評価・校務などに ICT を活用する能力」は，「授業の準備段階や授業後の評価段階のほか，日常的に行われる文書作成や情報の収集・整理などにおいて，教師が ICT を活用する能力についての大項目」，「B：授業に ICT を活用して指導する能力」は，「教師が資料等を用いて説明したり課題を提示したりする場面や児童生徒の知識定着や技能習熟，意見の共有を図る場面において，教師が ICT を活用する能力についての大項目」，「C：児童生徒の ICT 活用を指導する能力」は，「学習の主体である児童生徒が ICT を活用して学習を進めることができるよう教師が指導する能力についての大項目」，「D：情報活用の基盤となる知識や態度について指導する能力」は，「携帯電話・スマートフォンやインターネットが普及する中で，児童生徒が情報社会で適正に行動するための基となる考え方と態度の育成が求められていることを踏まえ，すべての教師が情報モラルや情報セキュリティなどを指導する能力をもつべきという観点から位置付けられた大項目」と示している。

　どれも重要な項目であることは間違いないが，当面，1 人 1 台環境を授業等で活用していくには，「C：児童生徒の ICT 活用を指導する能力」のイメージと構えを教師がどれだ

教員のＩＣＴ活用指導力チェックリスト

平成30年6月改訂

ＩＣＴ環境が整備されていることを前提として、以下のＡ－１からＤ－４の１６項目について、右欄の４段階でチェックしてください。

	4 できる	3 ややできる	2 あまりできない	1 ほとんどできない

A　教材研究・指導の準備・評価・校務などにＩＣＴを活用する能力

A－1　教育効果を上げるために，コンピュータやインターネットなどの利用場面を計画して活用する。 【4 3 2 1】

A－2　授業で使う教材や校務分掌に必要な資料などを集めたり，保護者・地域との連携に必要な情報を発信したりするためにインターネットなどを活用する。 【4 3 2 1】

A－3　授業に必要なプリントや提示資料，学級経営や校務分掌に必要な文書や資料などを作成するために，ワープロソフト，表計算ソフトやプレゼンテーションソフトなどを活用する。 【4 3 2 1】

A－4　学習状況を把握するために児童生徒の作品・レポート・ワークシートなどをコンピュータなどを活用して記録・整理し，評価に活用する。 【4 3 2 1】

B　授業にＩＣＴを活用して指導する能力

B－1　児童生徒の興味・関心を高めたり，課題を明確につかませたり，学習内容を的確にまとめさせたりするために，コンピュータや提示装置などを活用して資料などを効果的に提示する。 【4 3 2 1】

B－2　児童生徒に互いの意見・考え方・作品などを共有させたり，比較検討させたりするために，コンピュータや提示装置などを活用して児童生徒の意見などを効果的に提示する。 【4 3 2 1】

B－3　知識の定着や技能の習熟をねらいとして，学習用ソフトウェアなどを活用して，繰り返し学習する課題や児童生徒一人一人の理解・習熟の程度に応じた課題などに取り組ませる。 【4 3 2 1】

B－4　グループで話し合って考えをまとめたり，協働してレポート・資料・作品などを制作したりするなどの学習の際に，コンピュータやソフトウェアなどを効果的に活用させる。 【4 3 2 1】

C　児童生徒のＩＣＴ活用を指導する能力

C－1　学習活動に必要な，コンピュータなどの基本的な操作技能（文字入力やファイル操作など）を児童生徒が身に付けることができるように指導する。 【4 3 2 1】

C－2　児童生徒がコンピュータやインターネットなどを活用して，情報を収集したり，目的に応じた情報や信頼できる情報を選択したりできるように指導する。 【4 3 2 1】

C－3　児童生徒がワープロソフト・表計算ソフト・プレゼンテーションソフトなどを活用して，調べたことや自分の考えを整理したり，文章・表・グラフ・図などに分かりやすくまとめたりすることができるように指導する。 【4 3 2 1】

C－4　児童生徒が互いの考えを交換し共有して話合いなどができるように，コンピュータやソフトウェアなどを活用することを指導する。 【4 3 2 1】

D　情報活用の基盤となる知識や態度について指導する能力

D－1　児童生徒が情報社会への参画にあたって自らの行動に責任を持ち，相手のことを考え，自他の権利を尊重して，ルールやマナーを守って情報を集めたり発信したりできるように指導する。 【4 3 2 1】

D－2　児童生徒がインターネットなどを利用する際に，反社会的な行為や違法な行為，ネット犯罪などの危険を適切に回避したり，健康面に留意して適切に利用したりできるように指導する。 【4 3 2 1】

D－3　児童生徒が情報セキュリティの基本的な知識を身に付け，パスワードを適切に設定・管理するなど，コンピュータやインターネットを安全に利用できるように指導する。 【4 3 2 1】

D－4　児童生徒がコンピュータやインターネットの便利さに気付き，学習に活用したり，その仕組みを理解したりしようとする意欲が育まれるように指導する。 【4 3 2 1】

図1　教員の ICT 活用指導力チェックリスト（平成 30 年）

け持てるのかが，最重要に思われる。ここがうまくいかないと，使わせようとしない学校，教師が出てくるだろうと懸念するからである。そのような意味においても，各学校のミドルリーダーの役割は大きい。

また，ミドルリーダー育成研修のメンバー構成のケースとしては，学校に関係なく，やる気のある教師を選定し，重点的に研修を行う「単独選抜型」（モチベーションの高い教員を核に自治体内に広げていく），学校に関係なく，校種や地域から均等に数名ずつ選定する「均等選出型」（政令指定都市など，大きな自治体で行われる場合が多い），地域内各学校から情報担当リーダー1名を選定し，研修や協議を行う「各学校担当選出型」（多くの自治体は，校務分掌を兼ねてこの方法をとっている）が考えられる。

　そして，コロナ禍で教員研修の多くがオンライン研修に移行した。オンラインになることで，「移動の制約が少ない」というメリットが生まれた。このことにより，時間の制約が少なくなった。教員は，オンライン研修会開始ぎりぎりまで学級事務をしていられるようになった。これは場所の制約が少なくなったことも意味する。教員は教室からでも自宅からでも参加することが可能になった。さらに，オンライン研修は，教育委員会からすると，旅費などの経費が軽減できるメリットがある。その結果，教員は多くの研修会に参加することができるようになった。

　反面，研修仲間や講師とコミュニケーションが取れないという意見も少なくない。研修終了後にちょっとした会話をしたり，書籍や資料等を貸し借りしたり，場合によっては食事に行ったりといったことがやりにくくなったという話を聞く。また，内容が焦点化されるのはいいが，無駄がなくテーマそのもののみに終始して，そこからなかなか脱線しにくいので，話が広がりにくいという話も聞く。

　本稿では，オンラインでのミドルリーダー研修に関して，全国を範囲にしたものと自治体単位のものを紹介する。当然ながら，ここで紹介するものは一例に過ぎない。

（中川一史）

1　オンラインでのミドルリーダー研修（全国編）

(1)　講座の概要

　筆者は，パナソニック教育財団との共同研究事業として，「テレビ会議システムを活用した教育の情報化授業づくりミドルリーダー養成『極意』講座」を企画・開講した。「教育の情報化授業づくり」のエキスパートの支援が主な目的であるが，さらに校内での教育の情報化推進リーダーとしての資質を向上させられる内容にする。

　本講座は，コロナ禍であるなしにかかわらず，企画当初からオンラインで実施することを決めていた。全国からの教育の情報化ミドルリーダーである12名の受講生教師（毎年メンバーが代わっていく単年度制），大学教員である講座コーディネーター4名，受講生の所属母体である教育委員会担当者や研究会代表，学校長などのオブザーバー，事務局で構成されている。いわゆる「単独選抜型」である。

講座は年間10回とし，毎回，各テーマの第一人者を講師に招き，オンラインで実施する。オンラインで行うと，受講者だけなく，講座講師もそれぞれの分野における第一人者を移動の制約なしに依頼できる利点がある。つまり，受講者は自宅から受講でき，講師の移動負担も軽減されることで一流の講師陣に依頼しやすくなり，さらに受講生以外の視聴も可能になる中で講座が行えるという一石三鳥のメリットが生まれる。

外部講師の講演とディスカッションがメインだが，10回のうち2回は節目として，12名の受講生を3のグループに分け，それぞれ4名ずつに対し，講座コーディネーター1名と，毎回課されている受講後のレポートを基に，内容についてのディスカッションや，それぞれの実態についての情報共有を行う。

(2) 講座ラインナップ

1回の研修会内容は，基本的には45分の講義と45分のディスカッションで構成される。受講生には終了後，講師に質問するよう促す。その際，必要に応じて講座コーディネーターが論点を整理する。

2020年度の講座ラインナップと講師は，以下のように進めた。

〈オリエンテーション〉

第1回：教育の情報化授業づくりミドルリーダーの考え方（講座コーディネーター）

〈フェーズ1〉「新しい考え方に基づく授業づくりに求められる教師の力量形成」

第2回：プログラミング教育における授業づくりの極意

第3回：情報活用能力における授業づくりの極意

第4回：メディア・リテラシーにおける授業づくりの極意

〈ディスカッション〉

第5回：レポートを受けてのディスカッション(1)　※各グループごとに実施

〈フェーズ2〉「新しい学習環境を生かした授業づくりに求められる教師の力量形成」

第6回：1人1台の端末環境における授業づくりの極意

第7回：遠隔授業における授業づくりの極意

〈フェーズ3〉「チーム学校のミドルリーダーとしての力量形成」

第8回：校内マネジメントの極意

第9回：教員研修の極意

〈ディスカッション〉

第10回：レポートを受けてのディスカッション(2)　※全体で実施

(3) 講座の様子

第8回のテーマは「校内マネジメントの極意」（前田康裕准教授：熊本大学）だった。

前田氏からは，各学校で起こり得る状況を紹介しながら，どのように校内マネジメント

を進めるか解説があった。後半は，受講生から忌憚のない質問が飛び，それに丁寧に答えていただいた。

○受講生のレポートから

・本講座を通して，教育の情報化について最新の情報や専門的な知識について知ることができました。また，他県でがんばっておられる先生方と共に学ぶことで，目標とすべき姿や様々な考え方に触れることができ，大きな学びになっています。新型コロナウイルスが流行し，他県のICT活用がどのようになされているのか知る機会がほぼない中で，情報交換ができるのはとてもありがたいです。本講座で学んだことは，校内での研修を通して還元したり，研修会などで他校の先生方へ広げていったりしたいと思います。情報化推進リーダーとして，近いところからICT活用の輪を広げていけるようより一層励んでいきたいと思います。（鳥取県，S・I教諭）

・教育の情報化について，今まで曖昧で，知らなかったことが多かったので，なんだか難しそうと漠然とした不安がありました。しかし，それぞれの専門家の方からご講義をいただき，たくさんのことを知れたことで，

図2-1　オンライン講座の様子(1)

図2-2　オンライン講座の様子(2)

図2-3　オンライン講座の様子(3)

大きなことではなくても，日々小さなことから実践していけることが分かりました。また，理論を学ぶことができたことで，実践をするときにこの理論を基に授業を考えていくことができました。また，県外の方と共に学ぶことで，他の自治体のことも知ることができ，視野が広がりました。これまでの講座を受けて，GIGA時代の様々な可能性を感じることができました。得た知識の中から，今目の前にいる児童の目線に立って，自分のできるところから実践していきたいです。そして，先生方にも，自信を持って伝え

ていきたいし，伝えるだけでなく，情報を共有し，共に考えていけるような集団づくりをしていきたいです。（石川県，M・I 教諭）

・教育の情報化について，今まで断片的だったり曖昧だったりしたことを整理することができました。また，その分野の専門家の方からご講義をいただき，理解が浅かったことや知らなかったこともたくさん知ることができ，見識が深まりました。他の自治体の先生方のお話も聞くことができ視野が広がったとともに，同じ悩みや志を持つ人たちを身近に感じられて日々の教育活動への大きなモチベーションとなりました。今後は，この極意講座を経て得た知識をよりよい授業実践へとつなげ，他の先生方にも ICT の持つ可能性について自信を持って伝えていきたいです。（神奈川県，K・K 教諭）

⑷　今後に向けて

外部講師と直接質問やディスカッションができるオンライン研修は，一人ひとりが講師と質問や意見を交わすために大きくなり過ぎない規模感が大事である。一方，そうすることで人数が限られてしまう側面もある。また，講座回数も，受講生の教員の負担になり過ぎないように配慮する必要があり，実施したい講座回数との調整が必要になる。

（中川一史）

2　オンラインでのミドルリーダー研修（自治体編）

淡路市教育委員会が主宰する，令和2年度学びイノベーション事業推進員「学びイノベーター」活動を紹介する。学びイノベーターの選出方法としては，学校長の推薦により，各小中学校の教員（授業を行う教職員）から1名，計16名を選出しているが，いわゆる校務分掌ではないので，「均等選出型」である。

市によると，活動内容は以下の3つである。

① 学びイノベーション事業を推進するため，ICT 活用教育の研究を進める。

② 要請に応じて，公開授業や市教育委員会が開催する研修会等を通じて，研究を市内小中学校に還元する。

③ ICT 活用教育の効果について検証し，今後の事業推進に生かす。

年間3回の全体研修会と，地域の区分で3つのグループにし，地域別研修

写真1　教室真ん中にあるのが 360 度 VR カメラ

会（各1回）を実施した。全体研修会では，事前に360度VRカメラで授業の様子を撮影し，遠隔操作しながら教室での授業の様子を参観した（**写真1**）。その後，メンバーで授業検討会を行い，ミドルリーダーの動きについてディスカッションをしたり，講師から助言をもらったりする（**写真2**）。

写真2　講師，ミドルリーダー参加のオンライン研修での協議の様子

従来，集合型研修として実施していた本研修も，コロナ禍の継続実施のための工夫として，ライブでの参加ではなく，撮影された授業の様子を事前に視聴し，研修会はオンラインで実施するという形式に変更した。そこから見えてきたこととして，研修会当日の工夫に加えて，撮影等の事前準備にも工夫が必要であることも分かってきた。それぞれについて紹介をする。

(1)　事前準備について

①授業の撮影について

回を重ねるごとに改善を行ったが，基本的に以下のように撮影した。

・360度VRカメラ：教室中央付近
・iPad固定2台：前後各1台
・iPad手持ち1～2台：グループでの活動や個人を撮影

これまでの公開授業では，参加者が自由に授業中に教室内を歩き回ることができ，授業者の言動とともに生徒の活動も自発的に見聞きすることができた。しかしながら，公開授業をオンラインで視聴するとなると，定点カメラでの撮影からのみでは十分な情報を得ることができない。教師の発言や動きは捉えやすいが，子どものつぶやきや作業をどのようにビデオに収めるかが課題だ。そこで，複数のカメラでの撮影を検討することになるが，グループでの話し合いや発表の様子は，グループごとに撮影しないと内容までは分かりにくいという意見が研修参加者からあり，対応に苦慮した。授業の内容にもよるが，理想としては，グループ活動では可能であればグループごとに設置したい。しかしながら，それは現実的ではないので，事前に授業者と入念に打ち合わせの上，どのタイミングでどのグループを撮影するのかという計画が立てられると，手持ちカメラで撮影した動画から子どもの生の声を拾いやすいことが分かった。

また，教室全体の雰囲気は定点カメラからでは感じ取ることは難しい。そこで，今回は教室中央付近に設置した360度カメラを用いて，教室全体を俯瞰できるような工夫をした。

②ビデオの編集について

　1時間の授業を複数のカメラで撮影した動画全てを視聴して，研修に臨むのは時間的に難しい。そのため，編集も必要となった。これも授業者との十分な打ち合わせが必要になるが，360度カメラで全体を通して視聴し（場合によっては早送りして視聴），固定カメラやグループを撮影したカメラでは，焦点を絞って編集したものを視聴するという形が理想だ。

③授業の資料について

　端末を用いた授業では，様々な教材が使用される。授業者が当日使った資料や，授業中の児童生徒のノート・端末の画面，振り返り等をデジタルで共有できるメリットは，オンライン研修ならではだ。準備にも十分に時間を使うこともでき，場合によってはその後の授業の様子等も研修前に共有することができるのも利点だ。

④授業に関する質問・意見・感想等について

　オンライン研修に参加する機会はまだ少ないため，ディスカッションを伴うような研修をオンラインで実施した場合，参加者の発言数が減ってしまう傾向がある。もちろん，質問・意見は，研修で話し合う中で出てくるものもあるが，授業者の感想も含め，ある程度は事前に回収することで，研修運営の効率化とともに発言のしやすさにもつながる。

(2)　研修会運営について

　従来型の公開授業とは異なり，事前に授業を動画で視聴してから研修当日を迎えるため，研修時間自体を以前よりも短く設定することができた。また，オンライン参加であるため，出張の必要もない。

　基本的な研修の流れとしては，①授業者が授業に関する説明や振り返りを行い，②参加者からの授業に関する質問や，内容に関するディスカッションを行い，③講師からの授業等に関する講義と指導であった。

　授業者と研修参加者は，事前に動画を視聴し，コメントを Google Classroom で共有してから当日を迎える。よって，授業のテーマやコメントに記述のあった内容を中心にディスカッションし，その後，授業等について講師から指導いただくことができた。研修時間は概ね1時間から1時間45分の設定で実施し，これまでの研修の形と比べると，研修を受ける側の時間的負担は大いに削減できた。

(3)　研修に参加できなかった教員に対するフォロー

　例年と異なり，研修参加者自身も日頃からの業務が多忙となっていた。そのため，予定していた研修会に参加できない教員も数名いる。以前であれば，配布物を読む程度しか欠席者が学習する方法はなかったが，全てがオンラインで実施されている本研修では，欠席者が後日学習する機会を提供することができるという副次的な効果もあった。授業ととも

にオンライン研修の様子も録画されていたため，それら動画を視聴し，感想等を Google Classroom に投稿することで，参加者全体に共有することができた。当日参加できることが最善だが，多様な学習機会の提供の実現にもつながった。

（橋ヶ迫健，阪上吉宏）

3　「非同期型」を生かしたハイブリッドな研修を

　オンライン研修の難しさは，何だろうか。ここでは，これまで述べてきたオンライン研修の経験を基に，2つ挙げていきたい。

　1つ目は，運営そのものの難しさである。

　司会をしながら Web 会議の設定や操作をすることで，参加者の入室が滞ったり，進行そのものの妨げになったりするケースも少なくない。本来，進行等をする人間とバックヤードで機器操作等をする人間はそれぞれいたほうがよい。

　また，進行そのものも，参加者が聞いているのか聞いていないのか，分からなくなることもある。参加者にしてみても，参加している感触を得られないこともある。うまく参加者に発言を振ったり，小部屋に分けて発言の機会を作ったり，チャットのような機能を使い全員が何らかの意思表示をしたりするような工夫をしていく必要がある。

　2つ目は，「同期型」と「非同期型」の選択・組み合わせである。

　リアルタイムに進める「同期型」の部分と，ネットワーク上にコンテンツを置いたり閲覧したり，共有の場を設け，いつでも読み書きができる「非同期型」の部分を，どのように選択し，組み合わせるか，ということである。外部講師に関しても，できればその場で質問に答えていただくほうが受講生のモチベーションが上がる。しかし，外部講師が時間的制約を受けることになる。

　一方，「非同期型」でも，講演内容のコンテンツを，例えばクラウド上に置いておくことで，講師も参加者も時間的制約を受けない，というメリットもある。また，SNS や協働ツールを組み合わせることで，情報共有や議論の場を保証することができる。ただ，「同期型」のやり取りのように臨場感やいい意味での緊張感を感じないという参加者もいるだろう。

　今後は，うまく対面研修，オンライン研修双方のメリットを生かしながら，ハイブリッドな研修の姿を模索していくようになるだろう。

（中川一史）

［参考文献］
・文部科学省「教育の情報化に関する手引（追補版）」2020 年，https://www.mext.go.jp/content/20200622-mxt_jogai01-000003284_001.pdf（2020 年 2 月 28 日取得）

初めてのインターネット

佐藤 幸江

「2005年の教室を考える会」のころのインターネット活用

　私が，まだバリバリの小学校教員だったころ，文部科学省は，「教育の情報化」プロジェクトを推進し，2005年度を目標に全国の学校の全ての教室にコンピュータを整備し，インターネットにアクセスできる環境を実現する方針を打ち出していた。私たちは，子どもたちの学びの道具になるような情報機器が開発されることを夢見た。そして，「子どもたちが変わる・授業が変わる・学校が変わる」を合言葉に，「2005年の教室を考える会」等に参加して，パソコンやインターネットを活用した授業づくりのイメージを共有した。まさに，この時期，教育現場では「初めてのインターネット」を活用した授業実践の蓄積が，一部では進んでいった。けれども，なかなか全ての教室では進まなかった。それは，予算の獲得の問題以上に，「チョーク＆トーク」の一斉授業で今日の学力を保証してきたという，教師の意識の転換を図ることができなかったことが，大きな阻害要因となった。

クラスに1台のコンピュータと電子黒板。
拡大コピーした紙を組み合わせた授業デザイン
（2005年／筆者の図画工作科の授業より）

GIGAスクール構想下におけるインターネットの活用

　あれから20年。コロナ禍における学校現場の混乱。日本の学校のICT環境が，世界から大きく遅れていることが白日の下に晒された。そして，みなさんもご存知のように，GIGA（Global and Innovation Gateway for Allの頭文字）スクール構想が前倒しとなって，児童生徒1人1台の端末やクラウド活用を前提とした高速ネットワーク環境等の整備に予算がつけられた。Society5.0時代を生きる子どもたちに対して，「多様な子どもたちを誰一人取り残すことなく，子どもたち一人一人に公正に個別最適化され，資質・能力を一層確実に育成できる教育ICT環境の実現」をめざしての施策である。ここでは，クラウドの活用が推奨されている。Webブラウザ経由で使用するクラウド型のアプリケーション等の活用が必要となる。今回は，使わないという選択肢は教師側にはない。子どもたちが鉛筆やノートと同じように，日常的に端末を文房具として使うことが求められているからである。

　さて，どのような教科やどのような場面でどのようにインターネット上のコンテンツを活用しようか。ここからが，令和のインターネット活用はじめの一歩である。

おわりに

　放送大学の中川一史先生からメールをもらった。それは，「GIGA スクール時代の学びを拓く」という時宜を得た出版企画であった。中川先生は私が日頃から敬服している先生で，自分を指名していただいたことに感謝して執筆させてもらった。併せて，熊本大学の前田康裕先生も，一緒にこの出版企画に加わっていただいたと聞いて，ますます嬉しくなった。読者の皆さんもよくご存じの『まんがで知る未来への学び』の著者で，教育関係者に旋風を巻き起こしている。私も愛読者の一人である。

　事例編の学校や教育委員会を見ると，全国の学校や教育関係者に紹介したい内容ばかりで，読者の皆さんにお読みいただいて，自校でも実践していただきたい。コラムも面白い。どこか，しゃれたタイトルになっているところも，目を引く。

　GIGA スクール構想の初期の目的は，パソコンや校内ネットワークなどのハードウェアの調達や整備であったが，その目的はほぼ達成されたとすれば，これから重要なことは，言うまでもなく，その内容であり，指導法であり，カリキュラムであり，そして新しい時代にふさわしい学校の姿である。これまでの教育の歩みと接続しながら，しかし新しい一歩を踏み出す必要がある。そのためには，この分野の教育関係者の英知と実践知を集め，その姿を広く世に問う必要があるだろう。本書が，その一助になれば幸いである。

　私事で恐縮であるが，自宅近くの通りを小学生たちが列を組んで登校している姿を，私は非常勤の見守り隊だと自認して，毎朝眺めている。子どもたちの元気な姿を見ると，今日も元気そうだと内心嬉しく思うと同時に，純真な子どもたちの姿から，自分自身も元気をもらい，生きる力をもらっているような気がする。学校に通う，いや，通えることは，いかに素晴らしいことかを，教えてもらった。マスクはつけていても，子どもたちは，これから輝かしい未来を生きる存在である。とすれば，その学びを止めてはいけない。

　新型コロナウイルスパンデミックによって，世界中の子どもたちは休校を余儀なくされ，登校できなかった。しかし，これは例外ではなく，これから大地震や大水害などの自然の猛威の下に，学校や教育委員会は，止むを得ず休校措置を受け入れざるを得ない場合もあるだろう。そのためには，日常の学校教育の中で，いつでも対応できるような学びの姿を実践しておかなければならない。本書は，その学びの姿を描いたものであり，これからの新しい教育様式として役立つであろう。

　本書にご執筆していただいた全ての先生方に，心から感謝したい。また，出版をしていただいた，株式会社ぎょうせいの皆様に，厚くお礼申し上げる。そして，広く教育関係者に読まれることを，期待したい。

赤堀　侃司

編者・執筆者一覧

●編　著
中川　一史　放送大学教授

赤堀　侃司　一般社団法人 ICT CONNECT 21 会長／東京工業大学名誉教授

●執筆者
＜理論編＞
赤堀　侃司　前掲

中川　一史　前掲

前田　康裕　熊本大学教職大学院准教授

＜事例編＞
山下　若菜　熊本市立楠小学校教諭

福田　　晃　金沢大学附属小学校教諭

津下　哲也　岡山県備前市立香登小学校教諭

山中　昭岳　学校法人佐藤栄学園さとえ学園小学校教諭

石井　芳生　関西大学初等部教諭

中村　純一　学校法人佐賀龍谷学園龍谷中学校教諭

郡司　直孝　北海道教育大学附属函館中学校教諭

反田　　任　同志社中学校教諭

品田　　健　Apple Distinguished Educator ／聖徳学園中学・高等学校学校改革本部長

海老沢　穣　東京都立石神井特別支援学校指導教諭

佐和　伸明　千葉県柏市立手賀東小学校校長

井上　幸史　兵庫県姫路市立豊富小中学校教頭

毛利　　靖　茨城県つくば市立みどりの学園義務教育学校校長

吉田マリア　高知県大川村立大川小中学校教諭／大川村教育委員会事務局在籍

本田　裕紀　熊本市教育センター副所長

片山　敏郎　新潟市教育委員会学校支援課副参事・指導主事

藤木　謙壮　備前市教育委員会学校教育課指導係主査

倉澤　　昭　杉並区学校 ICT スーパーバイザー

＜研修編＞
木田　　博　鹿児島県総合教育センター情報教育研修課情報教育研修係係長

岩﨑　有朋　鳥取県教育センター教育企画研修課係長

佐藤　幸江　放送大学客員教授

中川　一史　前掲

橋ヶ迫　健　淡路市教育委員会学校教育課指導主事

阪上　吉宏　株式会社エデュテクノロジー代表取締役

＜コラム＞

中川　一史　前掲

山口　眞希　金沢学院大学文学部教育学科専任講師

小林　祐紀　茨城大学教育学部准教授

石田　年保　愛媛県松山市立椿小学校教諭

佐藤　幸江　前掲

*掲載順／職名は執筆時現在

●編著者プロフィール

中川一史（なかがわ・ひとし）
放送大学教授

横浜市の小学校教師，教育委員会，金沢大学助教授，メディア教育開発センター教授を経て2009年より現職。博士（情報学）。内閣府「青少年インターネット環境の整備等に関する検討会」委員，文部科学省「デジタル教科書の今後の在り方等に関する検討会議」委員，教科書研究センター「デジタル教科書に関する調査研究委員会」委員長他，教育の情報化に係る多数の委員を歴任。

赤堀侃司（あかほり・かんじ）
一般社団法人 ICT CONNECT 21 会長

東京工業大学大学院修了後，静岡県高等学校教諭，東京学芸大学講師・助教授，東京工業大学助教授・教授，白鷗大学教授・教育学部長を経て，現在，（一社）ICT CONNECT 21会長，東京工業大学名誉教授，工学博士など。専門は，教育工学。最近の主な著書に『プログラミング教育の考え方とすぐに使える教材集』『オンライン学習・授業のデザインと実践』（ジャムハウス）など。

GIGAスクール時代の学びを拓く！
PC１人１台授業スタートブック

令和３年４月10日　第１刷発行

編　　著　　中川一史・赤堀侃司
発　　行　　株式会社 ぎょうせい

〒136-8575　東京都江東区新木場1-18-11
URL：https://gyosei.jp

フリーコール　0120-953-431
ぎょうせい　お問い合わせ　検索　https://gyosei.jp/inquiry/

〈検印省略〉

印刷　ぎょうせいデジタル株式会社　　　　　　　　　Ⓒ2021　Printed in Japan
※乱丁・落丁本はお取り替えいたします。

ISBN978-4-324-10919-9
（5108666-00-000）
〔略号：GIGAスクール〕